LA REICHSBANK

ET LA BANQUE DE FRANCE

LEUR POLITIQUE

par

Alex. Snyckers
Docteur en sciences commerciales de l'Université de Liège
Hauptlehrer an der Öffentlichen Handelslehranstalt zu Leipzig
Dozent an der Handelshochschule zu Leipzig

PARIS
LIBRAIRIE NOUVELLE DE DROIT ET DE JURISPRUDENCE
ARTHUR ROUSSEAU, ÉDITEUR
14, RUE SOUFFLOT ET RUE TOULLIER, 13

Prix: 6 francs 1908

A MON BEAU PÈRE

LA REICHSBANK
ET LA BANQUE DE FRANCE
LEUR POLITIQUE

par

Alex. Snyckers
Docteur en sciences commerciales de l'Université de Liège
Hauptlehrer an der Öffentlichen Handelslehranstalt zu Leipzig
Dozent an der Handelshochschule zu Leipzig

PARIS
LIBRAIRIE NOUVELLE DE DROIT ET DE JURISPRUDENCE
ARTHUR ROUSSEAU, ÉDITEUR
14, RUE SOUFFLOT ET RUE TOULLIER, 13

Prix: 6 francs 1908

I. Avant-Propos.

La raison principale qui nous a déterminé à entreprendre cette étude est la constatation que le taux d'escompte de la Banque de France est, d'une façon permanente, fort inférieur au taux de la «Reichsbank.»

Le surcroît de charges qui retombe de ce chef sur les commerçants allemands en quête d'argent est aggravé de ce que le taux de l'intérêt débiteur en comptes courants est, en règle générale, de 1 % plus élevé[1]) que le taux officiel d'escompte, dans la plupart des grands établissements de crédit.

L'activité industrielle de l'Empire a bien pris dans les dernières années un développement prodigieux; mais cet essor subissant depuis peu un ralentissement, sinon un temps d'arrêt, il était à prévoir que la stagnation plus ou moins complète des affaires entraînerait des attaques contre la gestion de la Reichsbank[2]) et que la situation heureuse du marché français serait opposée à celle moins favorable du marché de l'argent en Allemagne.

---

[1]) Le taux officiel d'escompte était de 7 1/2 % au commencement de 1908, et le taux de l'intérêt pour les comptes courants débiteurs était par conséquent de 8 1/2 %.

[2]) On parle même d'une enquête parlementaire. Le fait est qu'en décembre 1906, M. Koch, à cette époque encore Président de la Reichsbank, éprouvait déjà le besoin de justifier sa politique dans un article de la «Deutsche Revue».

Cependant, certaines voix s'élèvent en France qui réclament un changement dans la politique de la Banque de France. Les uns trouvent exagérée la circulation des billets de banque; d'autres, l'encaisse. M. Paul Leroy-Beaulieu, l'érudit économiste, proclame que: «L'absolue fixité du taux de l'escompte à Paris, malgré les modifications dans tous les pays voisins, est une absurdité.» [1])

La situation difficile du marché allemand provient-elle uniquement de la fièvre commerciale et industrielle qui règne presque toujours dans ce pays?

Ne résulte-t-elle pas aussi de la politique suivie par la Reichsbank?

La politique d'un des deux grands établissements est-elle en partie applicable avec succès à l'autre?

Les systèmes allemand et français paraissent-ils susceptibles d'amélioration?

Ces questions sont d'autant plus intéressantes que le privilège de la Reichsbank expire dans quelques années et que le monde financier allemand s'occupe beaucoup de son renouvellement.

Nous nous proposons donc d'examiner les fonctions et la politique de chaque Banque, de rechercher les motifs de leurs divergences, les avantages et les inconvénients des deux méthodes et, le cas échéant, les moyens d'améliorer la situation du marché de l'argent dans l'un comme dans l'autre pays.

---

[1]) Economiste français du 27 janvier 1906.

II. Bibliographie.

Les deux grandes Banques d'émission française et allemande ont été quelquefois comparées, mais de façon plutôt incidente, au cours d'un article de revue par exemple, ou en note d'un ouvrage de plus grande envergure. Une étude a cependant été consacrée spécialement à ces deux grands établissements par M. G. Schwalenberg, étude intéressante quoiqu'un peu courte.

Georg Cohn. Endemanns Handbuch des Handelsrechtes.

Dr. J. Conrads Jahrbücher für Nationalökonomie und Statistik. 34. Band, 5. Heft. Jena 1907. Gustav Fischer.

Karl Helfferich. Die Reform des deutschen Geldwesens nach der Gründung des Reiches. Leipzig 1898.

— — Zur Erneuerung des deutschen Bankgesetzes. Leipzig 1899. Duncker & Humblot.

G. H. Kämmerer. Reichsbank und Geldumlauf. Berlin 1897. Puttkammer & Mühlbrecht.

Dr. Koch. Die Reichsbank und die Geldverteuerung. Deutsche Revue. Dezemberheft 1906.

Dr. J. Landmann. System der Diskontpolitik. Kiel und Leipzig 1900. Lipsius & Tischer.

Leipziger Neueste Nachrichten. Geldnot und Abwehrmittel. No du 3 janvier 1908.

R. Martin. Billiges Geld. Berlin 1908. Hermann Ehbock.

Dr. Nicklisch. «Erfüllt der deutsche Scheckverkehr seinen Zweck?» Article paru dans la «Deutsche Handelsschullehrerzeitung» No 13 de 1906.

Georg Obst. Wechsel- und Scheckkunde. Leipzig 1900. Carl Ernst Poeschel.

Dr. W. Scharling. Bankpolitik. Jena 1900. Gustav Fischer.

Dr. G. Schwalenberg. Die Bank von Frankreich und die deutsche Reichsbank. Halle a. S. 1904. C. A. Kämmerer & Co.

O. Simon. Die deutsche Reichsbank in den Jahren 1876—1883. Minden i. W. 1884. J. C. C. Brun.

Verwaltungsberichte der Reichsbank. 1876 à 1907 inclus.

Volkswirtschaftliche Chronik für das Jahr 1905. Jena 1906. Gustav Fischer.

R. Telschow. Der gesamte Geschäftsverkehr mit der Reichsbank. 10. Auflage. Leipzig 1905. C. A. Gloeckner.

P. de Beauregard. Eléments d'économie politique. Paris. Larose et Forcel.

Victor Bérard. Finance et diplomatie. Article paru dans la Revue de Paris du 15 novembre 1905.

Bourguin. Cours d'économie politique professé à la Faculté de droit de Paris. 1904—1905.

Comptes-rendus de la Banque de France.

Courcelle-Seneuil. Les opérations de banque. Paris 1899. Guillaumin & Cie.

A. Delettre. La Banque de France. Paris 1897. Guillaumin & Cie.

Ernest Grillon. Le chèque barré. Paris 1890. Guillaumin & Cie.

Yves Guyot et A. Raffalovich. Dictionnaire du commerce, de l'industrie et de la banque. Paris. Guillaumin & Cie.

Clément Juglar. Des crises commerciales et de leur retour périodique en France, en Angleterre et aux Etats-Unis. 2e édition. Paris 1889. Guillaumin & Cie.

P. Lepeltier. Le portefeuille. Paris 1896. Société de publications périodiques.

Paul Leroy-Beaulieu. Article paru dans l'«Economiste français» du 27 janvier 1906.

— — Précis d'économie politique. Paris 1897. Ch. Delagrave.

— — Traité théorique et pratique d'économie politique. Paris 1896. Guillaumin & Cie.

Raphaël Lévy. La situation économique et financière de l'Allemagne au début de 1908. Article paru dans la Revue des deux mondes du 1er mars 1908.

Paul Loubet. La Banque de France et l'escompte. Paris 1900. Arthur Rousseau.

Noël. Les Banques d'émission en Europe. Paris 1888.

L. Pommier. La Banque de France et l'Etat au XIXe siècle. Paris 1904. Arthur Rousseau.

Ribot. Discours prononcé à la Chambre des députés—Séance du 3 mai 1897.

E. van der Smissen. Le chèque et la compensation. Bruxelles 1902. Falk fils.

Adam Smith. Recherches sur la nature et les causes de la richesse des nations. Traduction française. Paris 1881. Guillaumin & Cie.

The Economist. Années 1898 à 1907 inclus.

Ire Partie.

III. Historique des deux Banques.

La Banque de France et la Reichsbank sont des établissements de commerce privés dont le capital appartient à des actionnaires.

1. La Banque de France.

La première existait comme simple banque de crédit depuis le 24 pluviôse An VIII[1]) lorsque la loi du 24 germinal An XI lui confia le privilège de l'émission des billets au porteur.

La situation de dépendance envers l'Etat s'est quelque peu aggravée depuis. La Banque a toutefois conservé son caractère de société par actions.

Il faut s'empresser de dire que, dès le début, elle était destinée à soutenir la politique gouvernementale «en conjurant l'altération du crédit public et le ralentissement de la circulation des richesses.»

Les consuls la fusionnèrent avec la Caisse des Comptes-Courants laquelle lui apportait un portefeuille de 6 millions et son crédit pour l'émission des billets.[2])

---

[1]) C'est le Ier ventôse An VIII (20 février 1800) que la Banque commença ses opérations.

[2]) Extrait de la remarquable thèse de M. Paul Loubet (Rousseau 1900) p. 24.

Son capital initial était de 30 millions en monnaie métallique, divisé en 30 000 actions. Il fut porté à 45 millions en 1803, à 90 millions en 1806, à 91 250 000 francs en 1840, et enfin à 182 500 000 francs en 1857.

Son premier privilège était fixé à 15 années, mais les banques départementales[1]) survécurent en marge jusqu'à la Révolution de 1848. A cette époque le Gouvernement Provisoire donna à la grande Banque la faculté exclusive de créer et de mettre en circulation la monnaie fiduciaire.[2])

Ce monopole a depuis lors été à plusieurs reprises et fort vivement combattu au parlement, mais toujours il a prévalu. Les lois le prorogeant sont celles du 22 avril 1806, 30 juin 1840, du 9 juin 1857 et enfin du 17 novembre 1897.[3])

Le principe sur lequel est basée l'organisation de la Banque est qu'elle est une institution indépendante du Gouvernement, réserves faites pour l'appui qu'elle doit prêter à ce dernier et le contrôle de celui-ci sur ses opérations générales.

Elle agit par la volonté du Conseil général qui est élu par les actionnaires et se compose de 18 membres. Quinze de ces membres, nommés pour 5 ans et rééligibles, forment le Conseil de Régence qui s'occupe de l'administration. Trois Censeurs, élus pour 3 ans et rééligibles, surveillent et contrôlent. Les 15 Régents et les trois Censeurs sont répartis en cinq groupements d'inspection: le Comité d'escompte, le Comité des billets, le Comité des livres et portefeuilles, le Comité des caisses, et le Comité des relations avec le Trésor

---

[1]) Les banques départementales ne sont pas identiques avec les succursales successivement créées par la Banque de France.

[2]) Décrets du 27 avril et du 21 mai 1848.

[3]) Cette dernière fixe l'expiration du privilège au 31 décembre 1920; cependant les Chambres se sont réservé le droit de voter en 1911 une loi qui ferait expirer le privilège au 31 décembre 1912.

public et avec les Receveurs Généraux des Contributions publiques[1]).

Un Comité central de 3 membres dirigeait autrefois de haut les opérations; en 1806, on y substitua un Gouverneur et deux Sous-Gouverneurs nommés par le Chef de l'Etat.

Le Gouverneur, mandataire de l'Etat, a droit de veto sur les décisions du Conseil général qui, comme nous l'avons dit, représente les actionnaires: «combinaison merveilleuse, qui laisse ainsi la Banque libre de son action dans le domaine commercial et financier, tout en maintenant à l'Etat le droit de contrôle que justifie pleinement l'abandon fait par lui d'une partie de ses prérogatives souveraines[2])».

Telle est, dans ses grandes lignes, l'organisation de la Banque de France. Nous en reparlerons plus en détail en la comparant à celle de la Reichsbank.

Aux termes des statuts fondamentaux en vigueur, les opérations permises à la Banque sont: escompter et recouvrer, recevoir en comptes-courants les dépôts et consignations, émettre des billets au porteur et à vue. Voici du reste l'énumération limitative de l'article 9[3]):

«Il est permis à la Banque:

1°) d'escompter à toutes personnes[4]) des lettres de change

---

[1]) L. Pommier, «La Banque de France et l'Etat au XIXe siècle.» Paris. A. Rousseau 1904. p. 36.

[2]) Noël, «La Banque de France.» Paris 1888. p. 345.

[3]) Nous tenons à donner in extenso ce texte qui est, pour ainsi dire, le «canon» de la Banque.

[4]) «à toutes personnes que la Banque veut bien admettre à l'escompte» serait plus juste.

La Banque a faculté absolue d'admettre à l'escompte ou d'en repousser les négociants ou même les effets présentés par des personnes pourtant admises. L'admission à l'escompte de la Banque de France est une marque de confiance et de crédit dont les négociants s'honorent et qu'ils recherchent avec empressement.

et autres effets de commerce à ordre, à des échéances déterminées qui ne pourront excéder trois mois et souscrits par des commerçants et autres personnes notoirement solvables[1]);

2°) de se charger, pour le compte des particuliers et des établissements publics, du recouvrement des effets qui lui seront remis;

3°) de recevoir, en comptes-courants, les sommes qui lui sont versées par des particuliers et des établissements et de payer les dispositions faites sur elle et les engagements pris à son domicile, jusqu'à concurrence des sommes encaissées;

4°) de tenir une caisse de dépôts volontaires pour tous titres, lingots, monnaies d'or et d'argent de toute espèce.

En échange du privilège, l'Etat se réservait les avantages suivants:

1°) Impôt sur les billets mis en circulation[2]).

2°) Redevance éventuelle au cas d'une élévation anormale du taux de l'escompte[3]).

---

[1]) . . . «par des syndicats agricoles ou autres» modification apportée au texte primitif par la loi de 1897.

[2]) Loi du 17 novembre 1897, art. 5 «La Banque versera à l'Etat chaque année et par semestre une redevance égale au produit du $^1/_8$ du taux de l'escompte par le chiffre de la circulation productive, sans qu'elle puisse jamais être inférieure à 2.000000.»

Il s'agit des moyennes de la circulation productive (c'est-à-dire dépassant l'encaisse) et de l'escompte.

Cette redevance s'est élevée en 1907 à fr. 7.357.141,60.

Voir le tableau comparé des redevances (2e partie).

[3]) Même loi de 1897, art. 12 «Lorsque les circonstances exigeront l'élévation du taux de l'escompte au dessus de 5°/₀ les produits qui en résulteront pour la Banque seront déduits des sommes annuellement partageables entre les actionnaires; un quart sera ajouté au fonds social, et le surplus reviendra à l'Etat.» — Le projet de loi attribuait cette redevance entièrement à la réserve de la Banque; l'amendement proposé au profit de l'Etat a été adopté par la chambre se ralliant à l'opinion de M. Jourdan, d'après laquelle les bénéfices résultant d'un escompte supérieur à 5°/₀ proviendraient d'une perte subie par tout le

3°) Concours gratuit de la Banque pour son service de caisse et avances de fonds sans intérêt[1]).

4°) Crédit de 40 millions pour les caisses régionales d'avances aux agriculteurs.

2. La Reichsbank.

En 1765 fut fondée à Berlin la «Königliche Bank» sous l'inspiration de Frédéric le Grand. Celui-ci voulait d'abord en faire un établissement privé, mais, dans l'impossibilité de réunir un capital suffisant par souscription, il lui conféra le titre de Banque d'Etat et le droit de l'émission (1766). — La première émission ne fut pas importante et cessa en 1806 lorsque la guerre obligea le pays à recourir au papier-monnaie[2]).

La Banque dut alors suspendre ses paiements, ses fonds étant placés en valeurs difficilement réalisables et en hypothèques.

Malgré un déficit de 7 millions de thalers, elle fut réorganisée, et dès 1820 émit à nouveau des billets d'une valeur minimum de 100 thalers. Elle ne conserva pas le monopole exclusif de l'émission; en 1824 furent fondées à Stettin la

---

pays par suite d'une crise. Il serait donc équitable que la nation entière soit remboursée de ce surcroît de charge.

[1]) La Banque ouvre à l'Etat un crédit sans intérêts, en échange de «bons du Trésor» ou en compte-courant. Le maximum de ces avances est fixé à 180.000.000 de francs:

60 millions prêtés en vertu de la convention du 10 juin 1857,
80 „ „ „ „ „ „ loi du 13 juin 1878,
40 „ „ „ „ „ „ „ „ 17 novembre 1897.

Depuis 1820 la Banque se charge en outre de la refonte des vieilles monnaies (A. Worms «Circulation monétaire et fiduciaire.» Paris 1869).

[2]) Cf. Dr. W. Scharling. „Bankpolitik." Jena. Fischer. 1900. p. 216.

›Banque de la Noblesse de Poméranie[1]), qui émit des billets à vue, — et à Berlin le «Kassenverein», qui obtint le même privilège en 1833.

En 1834 une banque par actions, la «Bayerische Hypotheken- & Wechselbank» fut encore créée à Munich et obtint le privilège de l'émission pour la Bavière. Leipzig en 1839, Breslau et Chemnitz en 1848, Rostock en 1850, et un certain nombre d'autres villes eurent des banques analogues.

Quant à la Königliche Bank de Berlin, elle forma enfin une société par actions en 1846, sous le nom de «Preussische Bank», avec l'Etat prussien comme principal actionnaire.

Un arrêté royal du 11 avril 1846 fixa son capital à 10 millions de thalers, répartis en 10000 actions de 1000 thalers chacune. La mise de l'Etat, 2 millions de thalers environ, s'ajouta à ce capital.

La «Preussische Bank» avait le droit de mettre des billets en circulation jusqu'à concurrence de 15 millions de marks, sous la réserve qu'elle aurait toujours au moins le tiers de cette somme dans ses caisses, en monnaie ou en lingots.

Le capital de la «Preussische Bank», fut porté, par des accroissements succesifs, à 20 millions de thalers, en 1866, après la guerre avec l'Autriche.

Bien que la Banque conservât son caractère privé, ses rapports avec l'Etat devinrent de plus en plus étroits. Celui-ci la favorisa pour combattre les abus résultant de la concurrence effrénée d'un très grand nombre de banques fort modestes, qui, dans les petits Etats voisins, émettaient jusqu'à des billets d'un thaler[2]).

La création de l'Empire en 1870 eut pour conséquence

[1]) Noël, «Les Banques d'Emission en Europe.» Paris 1888.

[2]) En 1858, il y avait 30 banques d'émission établies dans 20 Etats différents.

une réorganisation radicale de l'émission en Allemagne; une loi du 14 mars 1875, produisant effet à partir du 1er janvier 1876, transforma la «Preussische Bank» en Banque de l'Empire Allemand (Reichsbank).

La situation de l'Etat prussien comme actionnaire fut liquidée sans que l'Empire prît sa place. Les rapports de la Reichsbank et de l'Empire sont donc analogues à ceux de la Banque de France avec l'Etat français.

Comme nous le disions au commencement de ce chapitre, toutes deux sont des entreprises capitalistes, en partie sous la surveillance des Pouvoirs publics, mais à intérêts nettement privés.

La loi de 1875 fixait le capital social à 120 millions de marks; il fut élevé, en 1899, à 180 millions et les actions nouvelles furent de 1000 marks chacune, les anciennes restant de 3000 marks.

Au Conseil général de la Banque de France correspond le «Zentralausschuß» ou Comité central de la Reichsbank; il se compose également de 15 membres et comprend en outre 15 membres suppléants. Ces trente membres sont élus pour trois ans par l'assemblée générale des actionnaires[1]) et sont rééligibles. Chaque année un tiers des mandats expire. Chaque membre de ce comité doit être propriétaire de trois actions[2]) au moins.

Si l'organisation de ce comité est analogue à celle du Conseil général de la Banque de France, empressons nous de

---

[1]) Neuf membres au moins et leurs suppléants doivent avoir leur domicile à Berlin.

[2]) Les trois actions ont une valeur nominale de 9000 marks. Or les régents de la Banque de France doivent posséder au minimum 30 actions à 1000 fr., c'est à dire une valeur trois fois plus grande. Le gouverneur de la Banque de France doit même affecter 100 actions, et les sous-gouverneurs 50 à la garantie de leur gestion.

faire remarquer qu'il n'a ni la même mission ni les mêmes pouvoirs.

L'indépendance de la Banque de France est beaucoup plus grande; bien qu'elle soit, comme nous l'avons dit, une société privée, la Reichsbank est dirigée indirectement par le gouvernement[1]).

Le rôle du Comité central est consultatif; on lui demande son opinion au sujet du bilan, des traitements et pensions des employés, des nominations au Comité directeur, sauf toutefois pour la nomination du Gouverneur de la Banque qui en est le président. Il donne également son avis lorsqu'il s'agit de modifier le taux de l'escompte, des prêts, ou de conclure des arrangements avec d'autres banques allemandes.

Le rôle des censeurs de la Banque de France échoit, à la Reichsbank, aux délégués du Comité central choisis par lui parmi ses membres; ces délégués ont le droit d'assister à toutes les séances du Comité directeur, avec simple voix consultative.

Il existe également un Comité de surveillance qui complète l'exercice du contrôle.

L'équivalent du Conseil général de la Banque de France est à la Reichsbank le Comité de surveillance (Kuratorium) et le Comité directeur. (Reichsbank Direktorium).

Le Comité directeur se compose du Président de la

---

[1]) Il n'est pas sans intérêt de mentionner ici que, lors du renouvellement du privilège de la Reichsbank, en 1898, dans une séance de commission du Reichstag, un député, dont nous ignorons malheureusement le nom, a exprimé l'opinion suivante: «La Reichsbank est en réalité une banque d'Etat, car ses employés sont fonctionnaires de l'Empire; il n'y a donc pas lieu de craindre qu'en la décrétant telle, son administration devienne encore plus bureaucratique.»

Banque et d'un certain nombre de membres[1]), tous nommés par l'Empereur sur la proposition du Conseil fédéral. Le Chancelier de l'Empire est nominalement le chef de la Reichsbank; il préside en personne le Comité directeur ou se fait représenter par un délégué désigné par l'Empereur.

Le Comité de surveillance comprend un Président et quatre membres, l'un de ceux-ci est nommé par l'Empereur, les autres le sont par le Conseil fédéral.

Les opérations de la Reichsbank précisées dans la loi[2]) consistent à:

1⁰) acheter et vendre l'or et l'argent en pièces ou en lingots[3]);

2⁰) escompter des effets de commerce à des échéances ne pouvant dépasser trois mois et portant, en règle générale, trois mais à la rigueur deux signatures de personnes solvables; escompter des obligations de l'Empire, d'un Etat allemand ou d'une ville, ayant tout au plus trois mois à courir;

3⁰) prêter à intérêts et pour trois mois au plus sur divers nantissements;

4⁰) acheter et vendre des obligations publiques;

5⁰) se charger pour le compte des particuliers, des autorités ou des établissements publics d'encaissements, de payements, ou de virements;

6⁰) acheter et vendre pour autrui des effets de toutes sortes et des métaux précieux;

---

[1]) La loi du 14 mars 1875 dit simplement: . . . «du nombre nécessaire de membres», sans le déterminer. (En 1907, 9 personnes, y compris le président.)

[2]) Loi du 14 mars 1875. art. 13.

[3]) Loi du 14 mars 1875. art. 14. La Reichsbank est tenue de donner ses billets en échange de lingots d'or évalués à raison de 1392 marks la livre de métal fin.

7°) recevoir par versements ou virements avec ou sans intérêts les fonds qu'on lui verse[1]);

8°) prendre en dépôt et administrer les valeurs de tous genres.

L'Empire tire les profits suivants du privilège qu'il concède à la Reichsbank:

1°) Participation aux bénéfices.

Il est d'abord prélevé sur le montant des bénéfices nets $3^1/_2{}^0/_0$ en faveur des actionnaires; $20^0/_0$ de l'excédent sont portés au fonds de réserve tant que celui-ci ne s'élève pas à 60 millions de marks[2]). Le surplus de bénéfice est réparti enfin à raison de $^3/_4$ à l'Etat et de $^1/_4$ aux actionnaires[3]).

2°) Redevance éventuelle de $5^0/_0$, taux annuel, sur une certaine partie de la circulation productive, lorsqu'elle dépasse une limite nettement déterminée[4]).

3°) Service de la caisse de l'Etat. En vertu de l'article 22 de la loi de 1875 la Reichsbank est obligée d'accepter les

---

[1]) Le total des dépôts productifs d'intérêts ne doit pas excéder le capital social plus le fonds de réserve de la Reichsbank (art. 13). En pratique, la Banque n'accorde pas d'intérêt.

[2]) La réserve a atteint le chiffre de 60 millions de marks (exactement 64,813.723) le 31 décembre 1904.

[3]) Loi du 7 juin 1889, qui modifie la loi du 14 mars 1875. Suivant cette dernière loi les actionnaires touchent d'abord un dividende de $4^1/_2{}^0/_0$. Sur l'excédent, on prélevait $20^0/_0$ jusqu'à ce que la réserve fût équivalente au quart du capital. Le reste revenait en parts égales à l'Etat et aux actionnaires jusqu'à un dividende maximum de $8^0/_0$. Si cette répartition laissait encore un surplus, les $^3/_4$ de ce surplus étaient attribués à l'Etat, l'autre quart aux actionnaires. Une loi du 18 décembre 1889 a déjà modifié la loi primitive de 1875, en remplaçant le dividende de $4^1/_2{}^0/_0$ par celui de $3^1/_2{}^0/_0$, et le maximum de $8^0/_0$ par l'actuel de $6^0/_0$.

[4]) La participation de l'Etat aux bénéfices s'est élevée
en 1876 à 1.954.093, en 1877 à 2.148.091
en 1878 à 2.156.250, en 1879 à 609.647
en 1880 à 1.792.506.

versements et d'opérer les payements pour le compte de l'Empire, sans avoir droit de ce chef à une rénumération quelconque. Il n'est pas question, dans la loi, d'avances à l'Etat, à l'encontre de ce qui se passe entre la République française et la Banque de France. La Reichsbank ne peut effectuer de règlement pour l'Empire que jusqu'à concurrence de l'avoir de ce dernier chez elle.

La même loi autorise la Reichsbank à servir aussi de caissier aux divers Etats de l'Empire, sans lui en imposer d'ailleurs l'obligation.

La législation est muette en ce qui concerne l'intérêt des sommes versées par les Etats.

La redevance éventuelle a été perçue pour la première fois en 1881. Voici, depuis cette année, les sommes versées par la Reichsbank à l'Etat,

	comme participation aux bénéfices:	comme redevance éventuelle:	Totaux
	Loi du 14 mars 1875		
1881.	2.598.590	27.179	2.625.769
1882.	3.064.307	32.718	3.097.025
1883.	2.104.199	—	2.104.199
1884.	2.096.341	34.040	2.130.381
1885.	2.082.871	2.724	2.085.595
1886.	948.428	35.584	984.012
1887.	2.043.233	—	2.043.233
1888.	1.081.867	—	1.081.867
1889.	3.000.097	235.966	3.236.063
1890.	7.104.463	338.627	7.443.090
1891.	8.601.544	—	8.601.544
1892.	4.342.403	—	4.342.403
1893.	8.538.297	40.122	8.578.419
1894.	3.903.320	—	3.903.320
1895.	2.859.716	224.041	3.083.757
1896.	8.406.924	464.801	8.871.725
1897.	9.897.623	767.915	10.665.539

Voir, pour les dernières années, le tableau comparé des redevances (2e partie).

IV. De l'Emission.[1])

1. Considérations générales.

L'émission est, comme on le sait, la mise en circulation par une banque d'un effet ayant une valeur fiduciaire, payable au porteur à une échéance indéterminée.

Cet effet porte le nom de billet[2]) et constitue une créance contre l'établissement émetteur. L'émission des billets est une opération avantageuse pour la Banque, qui se procure ainsi gratuitement du capital sans intérêts.

Elle est également favorable au commerce et aux particuliers puisque, grâce aux billets, les grosses sommes se transportent plus facilement, avantage surtout appréciable dans les pays où le paiement par virements aux comptes-courants est relativement peu développé.

En outre «le remboursement à vue et la garantie d'une maison importante contribuent encore à faire préférer le billet de banque aux effets commerciaux à échéance plus ou moins lointaine et signés d'un nom peut-être honorable, mais peu connu[3].)»

Cependant, fût-ce dans les pays où existe la pleine liberté d'émission, les banquiers ne peuvent en user indéfinement. Il n'y a lieu à l'émission que dans deux cas:

1) à l'occasion des opérations d'escompte ou des avances sur titres,

---

[1]) Il peut sembler anormal que nous traitions de l'émission avant de nous occuper de l'escompte qui à certains points de vue en est la base et le prétexte. Mais il nous a paru que l'historique de l'émission faisait corps avec l'historique squelettique des deux Banques.

[2]) ou papier-monnaie. Ce dernier terme s'applique plus spécialement aux billets émis par l'Etat, à cours forcé.

[3]) C. Bourguin (Cours professé à la Faculté de Droit de Paris 1904).

2) pour remplacer l'or et l'argent que la banque reçoit dans ses caisses.

Les banques opèrent surtout avec certains dépôts de leurs clients et ne créent en général de billets qu'en remplacement du numéraire qu'elles encaissent ou des effets qui entrent dans leurs portefeuilles.

Il y a trois grands systèmes d'émission:

a) la liberté, encore en pratique aux Etats-Unis.

b) le monopole d'Etat qui fonctionne en Russie et en Suède, et enfin

c) le monopole privé pour un ou plusieurs établissements, système dont dépendent, à des titres différents, les banques d'émission de l'Allemagne et de la France.

a) Le premier système a la faveur de la doctrine du «laissez-faire». Celle-ci conçoit l'émission du billet de banque comme la contre-partie du droit d'escompte. Elle n'envisage point le danger des émissions excessives, illusoire selon elle, car les émissions ne peuvent se faire sans cause et les opérations de la Banque elles-mêmes limitent ces émissions.

En Ecosse, jusqu'en 1845 toute banque «incorporée» avait le droit d'émettre des billets au porteur et à vue. Il y a encore aujourd'hui dix banques de ce pays qui usent de cette faculté, mais d'une façon restreinte.

Aux Etats-Unis toute banque nationale peut émettre des billets à la condition de se soumettre à certaines règles et d'adopter un type unique de billet. Il y existe environ 3600 de ces banques nationales qui, au total, émettent des billets pour un milliard de francs.

b) Le monopole d'émission par l'Etat, soit que celui-ci émette directement le billet, soit qu'il se serve de l'intermédiaire d'une «banque d'Etat», permet à ce dernier de se procurer facilement de l'argent[1]). Le capital de la banque est fourni par l'Etat; les administrateurs sont nommés par lui.

Telles sont la Banque de Suède et la Banque Impériale de Russie, qui n'est en réalité qu'une annexe du Ministère des Finances.

A côté des Banques Nationales, le Trésor des Etats-Unis émet des billets.

c) Le système du monopole légal d'une banque privée est fondé sur trois principes: 1°) le droit d'émettre des billets est rationnel: il ne découle pas de la souveraineté[2]); 2°) l'intervention des pouvoirs publics rassure le public sur la valeur du billet qui a cours légal; 3°) l'initiative et les capitaux privés constituent une garantie contre une gestion antiéconomique des affaires de la Banque par l'Etat ou sous son influence.

La Banque de France a adopté ce système qui a servi de modèle à plusieurs autres pays, notamment à la Belgique.

La Reichsbank est un type mixte. Le Conseil de direction est nommé par l'Empereur, la comptabilité est soumise à la Cour des Comptes. Mais ce n'est pas à proprement parler une banque d'Etat, puisque son capital est fourni par des actionnaires.

---

[1]) Cette facilité a causé de grands préjudices à la République Argentine.

[2]) Discours de M. Ribot à la Chambre, 31 mai 1897: Le droit d'émettre des billets de banque est-il un droit régalien? Si le billet avait cours forcé, s'il était réellement un papier-monnaie, oui, on pourrait parler de droit régalien. Mais — et il en a été toujours ainsi, sauf aux époques troublées, — le billet représente par lui-même une valeur; il n'a de crédit que par la confiance qu'il inspire; il est immédiatement convertible en argent ou en or, au gré du porteur; il n'y a donc pas là l'exercice d'un droit régalien.

2. De l'émission de la Banque de France.

Lors de la fondation, le monopole est accordé à la Banque sans restriction au chiffre de l'émission.

Même l'on reconnaît à son Conseil général le droit de statuer sur la création et l'émission des billets[1]).

En réalité la Banque n'abusa point de cette licence; elle observa le principe qui fait «du portefeuille la garantie de l'émission», d'accord en cela avec l'article 5, alinéa 6 de ses statuts. Celui-ci bornait l'émission à des proportions telles que le numéraire en caisse et les échéances des effets pussent toujours assurer le remboursement des billets présentés aux guichets.

La Révolution de 1848 jeta, à vrai dire, une profonde perturbation dans le fonctionnement ainsi prévu: l'encaisse, qui n'atteignait que 140 millions le 26 février, tomba à 70 millions le 14 mars.

Pris de panique, les porteurs de billets assiégèrent les guichets de la Banque, qui fut obligée de solliciter du Gouvernement provisoire l'autorisation de suspendre le remboursement. C'était imposer le cours forcé[2]), ce qui se réalisa le 15 mars.

C'est à ce moment que le système du monopole exclusif entra en vigueur par l'incorporation à la grande Banque des banques départementales[3]).

---

[1]) Loi du 22 Avril 1806 (article 16).

[2]) L'Angleterre subit ce régime en 1797 et en 1810 à cause des guerres avec la France. Les Etats-Unis l'ont eu également à la suite de la Guerre de sécession (1861 — 1879). Certains pays ont du reste le cours forcé comme régime permanent: République Argentine, Chili, Brésil, Colombie, Grèce et Portugal. (Cf. Bourguin. Cours d'économie politique professé à la Faculté de Droit de Paris 1904—1905).

[3]) Les banques des colonies françaises ne peuvent être considérées comme des rivales de la grande Banque, car leur privilège est

Le gouvernement fixa alors la limite de l'émission à 452 millions, — première mesure légale dans ce sens.

Ce chiffre fut bientôt atteint; une nouvelle loi (22 décembre 1849) reporta le maximum de l'émission à 525 millions. Cependant la Banque ayant repris ses paiements en espèces, la loi du 6 août 1850 rétablit l'ancien régime de l'émission illimitée.

Quand éclata la guerre de 1870, l'encaisse métallique s'élevait à plus d'un milliard. Le Gouvernement, voulant en faire son trésor de guerre, fit voter par les Chambres (le 12 août 1870) un projet établissant pour la seconde fois dans le cours de l'histoire de la France[1]) le cours forcé des billets et fixant la limite de l'émission à 1 800 millions de francs.

Cette limite se révéla bientôt trop basse, et elle fut élevée, le 14 août, — c'est-à-dire deux jours après —, à 2 400 millions de francs.

Cette restriction de l'émission existe encore de nos jours, mais la limite en a successivement été avancée à 5 800 millions (9 février 1906)[2]).

---

borné à leurs territoires respectifs. (Exception: le privilège de la Banque d'Indo-Chine, établi par décret du 21 janvier 1875, a été étendu à la Nouvelle-Calédonie par décret du 20 février 1880.)

[1]) La première Révolution avait vu, en 1793, les «assignats», «papier-monnaie», «représentant la valeur des biens nationaux», et que leur dépréciation rapide réduisit au cours forcé.

Quand survint la Révolution de 1848, l'encaisse de la Banque tomba à 59 millions. Le gouvernement établit le cours forcé des billets et abaissa la plus petite coupure à 100 francs.

[2]) Voici, à titre documentaire, les limites successives de l'émission et les lois qui les fixèrent:

Lois: =	29. XII. 1870	3. VII. 1871	30. I. 1884
Limites: =	2.800 millions	3.200 millions	3.500 millions.
Lois: =	25. I. 1893	17. XII. 1897	9. II. 1906
Limites: =	4.000 millions	5.000 millions	5.800 millions

L'issue défavorable de la guerre de 1870 eut comme conséquence le maintien du cours forcé jusqu'au commencement de 1878. C'est à cette époque que la condition mise par la loi du 3 août 1875 à sa cessation, se réalisa: c'est-à-dire que la dette de l'Etat envers la Banque ne dépassait plus 300 millions.

En dehors de la limitation de son émission la loi française n'impose à la Banque aucune proportion déterminée entre son encaisse et son émission. L'encaisse pourrait donc ne pas exister, idéalement parlant; en fait, elle a toujours été très considérable[1]). Les billets de la Banque de France ont une valeur nominale de 1000, 500, 100, 50, 25 et 20, 5 francs.

Les coupures de 25, 20 et 5 francs sont retirées de la circulation dès qu'elles reviennent au guichet de la Banque. Elles ont été émises en 1848 pendant la période du cours forcé. Beaucoup ont échoué dans des collections particulières[2]).

---

[1]) L'établissement d'une proportion entre l'encaisse et l'émission existe à raison de: $^1/_3$ en Belgique, $40^0/_0$ en Hollande, $50^0/_0$ en Russie. Nous verrons tout à l'heure ce qu'il en est en Allemagne.

Une autre condition encore: aux Etats-Unis les billets émis à découvert doivent être garantis par des avances au Trésor ou par des dépôts de titres de rente. Système défectueux, car si l'Etat a des finances avariées, ses titres ne sont guère une garantie.

[2]) Emission de la Banque de France au 30 janvier 1908:

1.393.748	billets	de	1000	francs	soit	1.393.748.000	francs
583.197	„	„	500	„	„	291.598.500	„
25.902.010	„	„	100	„	„	2.590.201.000	„
13.433.551	„	„	50	„	„	671.677.550	„

Coupures qui ne sont plus émises.

	Nombre		Somme	
	31. I. 1907	30. I. 1908	31. I. 1907	30. I. 1908
à 25 francs	15.415	15.360	385.375	384.000
à 20 „	63.360	62.952	1.267.200	1.259.040
à 5 „	136.586	136.293	682.930	681.465

3. De l'émission de la Reichsbank.

En ce qui concerne l'émission, la Reichsbank n'a jamais reçu que le droit simple, non exclusif, d'émettre des billets. Lors de sa création elle se trouva en présence de situations acquises qu'elle dut respecter. Le Reichstag se borna à stipuler qu'à l'avenir une loi seule pourrait conférer le droit de l'émission[1]).

En réalité on n'accorde point de nouveaux privilèges et on tend au monopole de fait en faveur de la Reichsbank qui ne compte plus, à l'heure présente, que quatre concurrentes[2]).

Le principe auquel obéit la Reichsbank depuis 1875 est celui-ci:

La Banque doit posséder une encaisse en or ou en billets du Trésor (Reichskassenscheine) se montant à un tiers au moins du total des billets émis, le reste étant représenté par les valeurs du portefeuille[3]).

En outre, à partir d'un certain excédent de l'encaisse, l'émis-

1) Loi du 14 mars 1875 (§ 1).

[2]) Ce sont: la Banque de Saxe, la Banque Bavaroise, la Banque de Wurtemberg et la Banque Badoise. En outre, dans le Royaume de Saxe, la «Landständische Bank» de Bautzen peut émettre des billets jusqu'à un maximum de 3 millions.

Voici les limites de l'émission et de l'excédent exonéré pour les quatre concurrents de la Reichsbank:

Banques	Capital	Maximum de l'émission	Excédent exonéré
Banque saxonne	30.000.000	illimité	16.771.000
„ bavaroise	7.500.000	70.000.000	32.000.000
„ badoise	9.000.000	27.000.000	10.000.000
„ wurtembergeoise	9.000.000	25.714.200	10.000.000
Reichsbank:	180.000.000	illimité	472.829.000
Total:	235 500.000		541.600.000

[3]) Loi du 14 mars 1875 (art. 17). Les deux lois qui suivirent (18 décembre 1889 et 7 juillet 1899) ne modifièrent rien à cette prescription.

sion de la Reichsbank est frappée d'un impôt de 5 % en faveur du budget de l'Empire[1]).

De là la distinction dans l'émission allemande entre la «steuerfreie Ausgabe» (l'émission exonérée) et la «steuerpflichtige Ausgabe» (l'émission imposable).

La «Notensteuer» ou impôt sur la circulation fiduciaire s'applique dès que l'émission de la Reichsbank dépasse une certaine somme en plus de l'encaisse de la Banque.

Le surplus de l'émission sur le total de ces deux montants est soumis à un impôt de 5 % annuellement.

A l'origine l'excédent non imposable avait été fixé à 250 millions de marks pour la Reichsbank, les autres 32 banques d'émission, ses concurrentes ayant droit ensemble à un excédent de 135 millions.

La même loi stipulait cependant qu'à mesure qu'une de ces 32 banques perdrait son caractère de banque d'émission, l'excédent lui revenant serait attribué à la Reichsbank.

Peu après l'entrée en vigueur de cette loi, quinze banques renoncèrent à leur privilège, plus tard les autres suivirent cet exemple, et l'émission non imposable de la Reichsbank s'en trouva augmentée de 43400000 marks, son excédent libre étant alors de 293400000. Par une nouvelle loi du 7 juin 1899 il fut élevé à 450000000 et après que la Banque de Francfort, celle de Brunswick et celle de l'Allemagne du Sud eurent aussi renoncé à leur droit d'émission, il atteignit son chiffre actuel de 472829000 marks.

Font partie de l'encaisse de la Banque et non de l'émission les «Reichskassenscheine», billets du Trésor, mis en circulation pour une somme de 120 millions de marks.

Ce «Reichskassenscheine» correspondant au trésor de

---

[1]) Loi de 1875 (art. 9).

guerre de la tour de Spandau, le rendent productif sans qu'il constitue une garantie de leur remboursement.

Ni les «Reichskassenscheine», ni même les «Banknoten» ne jouissent en Allemagne du cours légal, c'est-à-dire que personne n'est obligé de les recevoir en payement, à l'inverse de ce qui a lieu en France où le créancier ne peut refuser d'accepter des billets de banque; il a d'ailleurs le droit, puisqu'ils n'ont pas cours forcé, d'en réclamer le remboursement immédiat à la Banque de France.

Les billets de banque allemands ont une valeur de 1000, 100, 50 et 20 marks[1]). Les «Reichskassenscheine» valent 50, 20 10 et 5 marks.

4. Comparaison des systèmes allemand et français.

L'émission de la Banque de France est donc limitée directement, celle de la Reichsbank d'une manière indirecte.

Beaucoup d'économistes défendent le principe de l'émission illimitée telle que nous l'avons exposé[2]) et qu'il était pratiqué en France avant que le cours forcé n'amenât sa restriction.

M. Kämmerer par exemple estime que «la prudence et le bon sens du public d'une part, la bonne administration des banques d'autre part constituent la seule protection vraiment efficace contre une émission exagérée[3]).»

---

[1]) Emission au 31 décembre 1907:

	Nombre:	Valeur:
à 1000 marks:	334.241	334.241.000 marks
à 100 „ :	12.612.367 1/2	1.261.236.750 „
à 50 „ :	2.785.722	139.286.100 „
à 20 „ :	7.557.859	151.157.180 „
		1.885 921.030 marks.

[2]) Voir p. 13.

[3]) G. H. Kämmerer, „Reichsbank und Geldumlauf.“ p. 37.

Il est donc partisan d'une entière liberté: la Banque, selon lui, guidée par son propre intérêt, est tenue à une grande circonspection pour ne pas inspirer de doutes sur la valeur intrinsèque de ses billets.

M. Ribot est d'avis que théoriquement[1]), du moment que le billet de banque n'a pas cours forcé, il n'est pas nécessaire de limiter l'émission.

Selon M. Paul Leroy-Beaulieu «il y a un mécanisme qui sert de frein à l'émission et que rien ne peut remplacer, c'est la convertibilité des billets en espèces. Chaque fois que ceux-ci tendent à devenir surabondants, ils reviennent aux guichets de remboursement[2]).»

Cependant l'histoire des banques nous donne des enseignements précieux qui expliquent certaines rigueurs administratives. La banqueroute de Law et d'autres expériences aussi funestes nous montrent que la théorie n'est pas toujours un sûr guide de la pratique.

L'opinion de M. Paul Leroy-Beaulieu ne nous paraît exacte qu'en apparence, car elle aboutit à d'autres conséquences que celles prévues par lui. Le fait pour les billets de rentrer abondamment dans la caisse de la Banque implique leur dépréciation partielle. C'est que la population préfère l'argent monnayé; c'est donc que ce dernier fait prime.

Nous voyons qu'une réglementation raisonnable se justifie pleinement mais aussi qu'elle peut être très nuisible si elle ne tient pas suffisamment compte des besoins du pays.

Voici, en cette matière, l'opinion de M. P. de Beauregard[3])

---

[1]) Chambre des députés, séance du 31 mai 1897.

[2]) Paul Leroy-Beaulieu. Traité théorique et pratique d'économie politique. 2e édition. Paris 1896. Guillaumin & Cie. t. III. p. 671.

[3]) Paul de Beauregard. Eléments d'économie politique, Paris. Larose et Foncel. p. 238.

qui, il est vrai, est aussi l'adversaire de toute intervention légale:

«Cette restriction aux droits de la Banque peut avoir les inconvénients les plus graves, car elle l'empêche de répondre exactement aux besoins du marché. En Angleterre où la même règle existe, on a déjà dû en suspendre plusieurs fois l'application[1]). On fait observer, il est vrai, que si le billet de banque n'a pas cours forcé il a encore cours légal.

La Banque de France, en effet, depuis 1878, est bien obligée de rembourser ses billets sur présentation, mais les créanciers ont conservé le droit de les imposer dans les paiements: ces billets ont donc la même force libératoire que les monnaies d'or ou d'argent. Mais ce privilège accordé au billet ne justifie aucunement la limitation du droit d'émission; la Banque ne sera pas plus qu'autrefois tentée d'abuser de son droit, puisqu'elle est tenue de rembourser ses billets à guichet ouvert.»

Pour faire nôtre cette opinion nous voudrions remplacer le mot «limitation» par «limitation trop sévère.» Des mesures légales raisonnables ne doivent pas entraver la «bonne» marche des banques comme le feraient des dispositions trop strictes.

Leur but doit être d'éviter le retour, la possibilité de ces événements funestes dont l'histoire financière fournit plusieurs exemples. Elles sont, en outre, destinées à rassurer le public ombrageux et tout puissant et à affermir le crédit.

---

[1]) En 1847 notamment, l'agiotage sur les chemins de fer et de grands achats de grains ayant fait disparaître le numéraire, les demandes d'escompte à la Banque d'Angleterre épuisèrent la somme de billets qu'elle avait le droit d'émettre. Elle dut arrêter ses opérations. Le public la crut insolvable, ses billets lui revinrent en masse et son existence parut menacée. Le gouvernement dut l'autoriser à continuer ses émissions de billets. Voir sur ce point le chapitre suivant sur la Banque d'Angleterre, p. 25.

M. de Beauregard ajoute que «l'utilité du cours légal accordé au billet de banque est très contestable. Mieux vaudrait le supprimer que de maintenir une restriction illogique et dangereuse».

D'accord, mais toute restriction n'est pas forcément «illogique et dangereuse.» Quant au cours légal, mentionnons que les billets de la Reichsbank ne jouissent pas de cette faveur et que cependant ils sont acceptés partout sans difficulté aucune.

En France, comme nous l'avons fait remarquer, bien qu'en 1865 une enquête parlementaire se soit déclarée à une forte majorité pour la liberté d'émission, les événements de 1870 amenèrent le système de limitation encore en vigueur de nos jours.

Alors que, en temps de crise, la Reichsbank dépassera de beaucoup le maximum de l'émission exonérée et sera tentée d'augmenter son taux d'escompte, la Banque de France pourra se trouver devant un mur qui barrera la route à tout progrès de son émission.

Quelle est la situation présente? La dernière décision en l'espèce de la Chambre des Députés a porté le maximum à 5800 millions de francs et la circulation atteint 4949 millions de francs[1]). Il reste donc presque un milliard d'avance. On voit que la loi laisse un jeu suffisant au fonctionnement de l'émission.

Nous devons en outre reconnaître que jusqu'à présent chaque fois qu'en France la restriction législative devient dangereuse, des dispositions sont aussitôt prises pour agrandir le champ de l'émission[2]). Il s'agit donc bien d'une réglementation toute raisonnable.

---

[1]) Exactement, le 30 janvier 1908: 4949549555 francs.

[2]) Voici à ce sujet un passage emprunté au compte-rendu de la Banque, année 1905, p. 17: (voir page suivante).

Toutefois il faut noter que la Banque de France doit sa solidité à son énorme encaisse métallique, c'est-à-dire, en remontant de l'effet à la cause, à la sagesse de son administration plutôt qu'à la limitation de son émission, puisque la loi française n'exige aucune proportion entre les deux éléments.

Quant à la limitation indirecte, particulière au régime allemand, M. Kämmerer pense que «dans la pratique[1]), le prélèvement fiscal de 5 $^{0}/_{0}$ n'a jusqu'à présent guère produit d'effet. Mais, dit-il, il ne faudrait pas en déduire que cet impôt ne pût être préjudiciable en cas de crise quelque peu sérieuse.»

Qui sait en effet si, subissant alors en partie l'influence de l'impôt, le taux de l'escompte n'atteindrait pas un chiffre inadmissible pour le commerce et l'industrie?

D'autres économistes allemands sont nettement adversaires de la «Notensteuer». M. Helfferich[2]) propose un impôt dépendant du taux de l'escompte, ce qui reviendrait à adopter le principe de redevances à l'Etat imposé à la Banque de France.

De ce qui précède il résulte que le fait, pour le billet de la Reichsbank, de n'avoir pas cours légal n'empêche pas les Pouvoirs de l'Empire de soumettre l'émission à une législ-

---

«Les pouvoirs publics ne sont pas demeurés indifférents à cette situation (une circulation de 4 milliards 727 millions alors que la limite légale était de 5 milliards) et M. le Ministre des finances a estimé devoir, au nom du Gouvernement, soumettre au Parlement un projet de loi élevant à 5 milliards 800 millions la limite de nos émissions.»

[1]) L'ouvrage en question de M. Kämmerer est paru en 1897. Depuis lors les excédents imposables ont acquis une telle importance qu'il ne serait plus possible de dire que la „Notensteuer“ n'a guère produit «d'effet», abstraction faite du sens favorable ou non que l'on peut attacher à ce mot.

[2]) Helfferich. „Zur Erneuerung des deutschen Bankgesetzes.“ 1899. p. 98.

lation rigoureuse, non par l'imposition d'une circulation fiduciaire égale au plus au triple de l'encaisse, mais par la détermination d'un excédent exonéré trop facile à dépasser.

Les prescriptions de la loi allemande ne laissent guère de liberté d'action à la Reichsbank: en des temps normaux, quoique très prospères, l'émission de celle-ci a dépassé, à plusieurs reprises déjà, la limite de la «steuerfreie Ausgabe».

Si la Banque de France se trouve soumise en apparence à une législation draconienne, la limite de son émission a, somme toute, été portée progressivement, de 1881 à nos jours, de 3200 millions à 5800 millions. Or, pendant ce même laps de temps, quelle augmentation a été obtenue par la Reichsbank pour son émission non imposable? 220 millions de marks, et cette augmentation[1]), nous l'avons dit, provient en partie de la renonciation de banques concurrentes au privilège et en partie aussi d'une nouvelle loi du 7 juin 1899[2]).

On s'explique donc fort bien la progression constante des émissions imposables de la Reichsbank.

Nous ne faisons qu'esquisser ici la différence fondamentale des deux systèmes et reviendrons plus en détail sur la limitation de l'émission au chapitre correspondant de la politique des deux banques.

5. La loi de 1844 en Angleterre.

Nous croyons utile d'exposer ici sommairement les enseignements qui découlent du système appliqué en Angleterre parce que l'histoire de ce pays vient confirmer notre opinion au sujet du danger de mesures légales lorsque celles-ci entravent

---

[1]) En 1875, émission non imposable: 250 millions de marks; en 1906: 472.829.000 marks.

[2]) Voir le rapport de la Reichsbank: 1901. p. 4.

l'émission sans tenir compte des besoins du commerce et de l'industrie. L'importance de la Banque d'Angleterre et son rôle dominant sur le marché de l'or justifient cette digression.

La loi anglaise de 1844 due à Robert Peel, pour donner à la circulation fiduciaire toute la sécurité désirable, la limita au montant total du capital et de l'encaisse. Au terme de l'acte de 1844, la Banque d'Angleterre a le droit d'émettre, sans avoir de contre valeur en caisse, pour 14 millions de livres sterling en billets de banque. Ce chiffre a été porté en 1844 à 16800000 livres sterling.

La garantie de cette émission est constituée par des valeurs sur l'Etat anglais et par des valeurs privées de tout premier ordre.

Au delà de ces 16800000 livres sterling la Banque d'Angleterre doit avoir une encaisse strictement équivalente à l'émission.

La Banque d'Angleterre comprend deux services tout à fait distincts: celui de l'émission et celui de la banque proprement dit (escompte, prêts, avances, dépôts, etc.)

Un spéculateur, obtenant une avance ou un prêt sur dépôts de titres, en reçoit le montant en billets, puis s'adresse au dépôt de l'émission et échange ses billets contre de l'or. Résultat: diminution de l'encaisse, donc restriction de l'émission et mise hors de service des billets ainsi rentrés.

Un commerçant escomptant des effets, en touche le montant en billets qu'il conserve, d'où diminution du nombre de billets à émettre.

La situation de la Banque d'Angleterre était avant la crise de 1847, en millions de livres sterling:

Dates	Encaisse métallique	Emission à découvert (sous la garantie du capital	Limite de l'émission	Circulation	Billets en réserve
en août 1846	16	14	30	20	10
en janvier 1847	12	14	26	20	6
en avril 1847	9	14	23	20	3

Vers cette époque l'escompte fut porté au taux exorbitant de 12 % et ce genre d'opérations limité à un certain maximum, les prêts et avances ne furent plus renouvelés, de nouveaux engagements furent repoussés, d'où panique et, en dépit de toutes ces mesures, diminution de plus en plus considérable de l'encaisse et de la réserve en billets par suite de l'escompte; car les banques privées n'escomptant plus, la Banque d'Angleterre était la seule à laquelle on pût recourir.

Le 16 octobre, la Banque d'Angleterre n'avait plus qu'une encaisse de $8^1/_2$ millions de £.

Enfin le 23 octobre 1847, la réserve n'étant plus que de 1, 17 million de £, le gouvernement suspendit la loi de 1844 et permit à la Banque d'émettre des billets au delà de sa réserve. Du coup, la panique cessa et la limite prescrite par la loi de 1844 ne fut dépassée que de 400000 £.

Les Chambres se déclarant quand même pour le maintien de l'acte de Peel, celui-ci fut remis en vigueur dès que la situation fut redevenue plus normale.

Dans des circonstances à peu près analogues, cette même loi, qui existe encore à présent, fut suspendue le 12 novembre 1857 et le 12 mai 1866 et elle l'aurait peut-être été une quatrième fois, en novembre 1890, si la Banque de France n'avait aussitôt prêté 75 millions de francs environ à la Banque d'Angleterre.

L'expérience nous enseigne donc que les prescriptions légales limitant l'émission, quoique bonnes en principe et possibles en temps normal, deviendraient dangereuses en temps de crise si le législateur ne se conformait à la situation du moment.

La nature même de ces mesures et la rigidité plus ou moins grande dont les pouvoirs publics font preuve soit pour les appliquer, soit pour les modifier, exercent une influence énorme sur la politique des banques d'émission.

En temps de crise sérieuse, des mesures trop sévères auraient d'ailleurs le grand défaut d'entraver le commerce et l'industrie du pays au moment où ils se trouveraient dans une situation critique, qu'elles aggraveraient encore.

Des dispositions légales, suffisamment larges pour n'être pas nuisibles, sont souhaitables. La loi, en intervenant de cette façon, agit dans l'intérêt des porteurs de billets vis à vis desquels les pouvoirs publics ont une certaine responsabilité morale. Mais le gouvernement ne doit pas s'en tenir invariablement à des dispositions rigides et régler d'une manière quasi automatique le fonctionnement de l'émission.

V. De l'Escompte.

1. Préliminaires.

Il y a fort longtemps que le commerce de banque existe; les Romains l'avaient porté à un haut degré de perfection, mais il avait disparu de l'Europe à la chute de l'Empire, et quand on le pratiqua à nouveau, au Moyen-Age, ce fut avec une extrême timidité. Les premiers banquiers de Gênes, d'Amsterdam, de Hambourg, de Nuremberg recevaient les dépôts qu'on leur confiait, mais il n'osaient pas en disposer;

ils se bornaient à les conserver et à mettre ainsi le déposant à l'abri des risques de perte. Ils se chargeaient aussi de payer et de recevoir pour leurs clients, et simplifiaient les règlements de comptes par la pratique des virements.

Peu à peu ils s'aperçurent qu'il était inutile de conserver en caisse le montant intégral des fonds qu'on leur confiait. Les déposants en effet ne réclament jamais tous à la fois ce qui leur est dû; donc si une partie des fonds restait à la disposition des clients, le reste pourrait servir à de fructueuses opérations de prêt. La mise en pratique de ce raisonnement a permis l'extension merveilleuse des banques[1]).

Aujourd'hui les banquiers ont véritablement deux fonctions générales: a) ils s'entremettent dans les opérations monétaires et les paiements; b) ils s'entremettent entre les prêteurs et les emprunteurs.

a) Ils se chargent de tout ce qui concerne la circulation fiduciaire et le mouvement des espèces métalliques, transport de monnaies, achat et vente des effets de commerce, perception des effets payables au loin, enfin ils sont les caissiers de ceux qui veulent bien leur confier des fonds.

Pour ces différentes opérations ils se servent du compte-courant, du virement et du chèque[2]).

La première de ces combinaisons, le compte-courant, se résume en un contrat entre parties que leurs affaires amènent à se faire réciproquement des avances. L'intérêt dû pour les sommes ainsi versées est déterminé d'un commun accord[3]) ainsi

---

[1]) Nous croyons utile cette vue d'ensemble sur l'histoire et le fonctionnement des banques afin de tracer les lignes générales de ce sujet avant d'en arriver à des considérations particulières.

[2]) Nous reviendrons sur le virement et le chèque dans la deuxième partie de l'ouvrage.

[3]) En pratique ni la Reichsbank ni la Banque de France n'accor-

que l'époque où le compte sera arrêté et la manière dont s'en établira le règlement.

Par les comptes courants le crédit circule ainsi instantanément d'un bout du monde à l'autre[1]) dans le vaste réseau des banques.

b) Comme intermédiaires entre les prêteurs et les emprunteurs, le banquier centralise les fonds de ceux qui cherchent un placement et reçoit les demandes de ceux qui cherchent à contracter un emprunt. Les personnes qui, ayant des fonds disponibles, ne veulent les engager qu'à court terme, les lui confient volontiers. Car tout en retirant un intérêt de leurs dépôts, elles bénéficient des avantages du chèque; celles qui ont besoin d'argent et qui offrent des garanties sont sûres d'obtenir des conditions raisonnables du banquier qui a précisément pour spécialité de consentir des prêts.

Voici les différentes façons dont s'effectuent ces prêts:

1⁰) ouverture d'un crédit au client qui paraît solvable, c'est-à-dire mise à sa disposition d'une somme qu'il pourra prendre en une fois ou par fractions. Naturellement l'intérêt courra du jour de l'exercice du droit, et seulement pour la somme prise[2]);

2⁰) prêts sur titres: le banquier fait des avances et reçoit, à titre de gage, des rentes sur l'Etat, des actions ou des obligations de sociétés;

---

dent d'intérêt sur les fonds déposés en compte courant. Il en est autrement des sociétés privées de crédit.

[1]) P. de Beauregard, Traité d'économie politique.

[2]) L'ouverture de crédit se double fréquemment d'une convention de compte-courant: le client rapporte les sommes dont il n'a plus besoin.

La Banque de France et la Reichsbank ne peuvent accorder de crédit à découvert ou crédit personnel; il s'agit donc toujours pour ces deux établissements de crédit couvert ou crédit réel.

3⁰) escompte des effets de commerce pratiqué par les banques de crédit et d'émission.

C'est la grande opération que nous nous proposons d'examiner maintenant.

2. De l'escompte comme opération.

Le mot escompte a deux significations: achat d'effets de commerce avant leur échéance; intérêt que l'acheteur déduit de l'argent qu'il remet en échange des effets.

Nous laisserons de côté pour l'instant le second sens et examinerons l'opération d'escompte.

Celui qui, ayant vendu à terme ou fait un prêt et possède de ce chef un billet à ordre, une lettre de change ou un warrant[1]), peut avoir besoin d'argent avant l'échéance de son effet. Le banquier le lui prend volontiers, et lui en paie le montant, sauf retenue de l'intérêt à courir jusqu'à l'échéance et l'indemnité pour les risques. Le banquier rend ainsi service à son client et trouve lui-même un grand profit à cette opération: c'est pour lui le meilleur moyen de faire fructifier ses fonds.

Le commerce de banque exige en effet une très grande prudence: celui qui s'y livre prête des fonds qui ne lui appartiennent pas et dont une grande partie peut lui être réclamée d'un instant à l'autre. Aussi le banquier doit-il chercher des occasions sûres, éviter les longs engagements, s'assurer un courant ininterrompu de rentrées, se ménager enfin le moyen de ralentir ses opérations au cas où un danger le menacerait. L'escompte réalise toutes ces conditions.

Pour un banquier bien renseigné les effets de commerce fournissent des placements très sûrs, car tous les endosseurs

[1]) Le warrant est, comme on sait, un récépissé de marchandises déposées dans un entrepôt public et qui sert de titre représentatif.

successifs sont responsables, et il suffit qu'un seul soit solvable pour que le banquer soit certain du remboursement. Une législation rigoureuse met d'ailleurs, dans tous les pays, des moyens de coercition énergiques à la disposition du porteur en cas de refus de paiement à l'échéance.

Ces effets sont le plus souvent à court terme et le banquier, grâce à un choix judicieux, peut en échelonner les échéances de manière à alimenter constamment son encaisse.

Enfin, une simple élévation du taux de l'escompte suffit à écarter tous ceux qui n'ont pas un pressant besoin d'argent et permet au banquier de ralentir ses opérations sans suspendre son commerce ou opposer à ses clients un refus catégorique qui les ferait douter de son crédit.

L'escompte est une forme du crédit. Il représente, ce qui est le propre d'une opération de crédit, un échange dans lequel les deux apports ne se font pas en même temps puisque l'un est une livraison produisant ses effets au moment même et que l'autre n'acquiert sa pleine valeur que dans l'avenir. L'apport de l'un des contractants, celui qui fait crédit, c'est-à-dire l'escompteur, est la somme d'argent payée ou créditée au moment de l'escompte. Celui du second contractant, celui qui reçoit le crédit, l'escompté ou négociateur, consiste en un effet qui vaudra son montant à une époque déterminée ou échéance. Cette conception de l'escompte comme opération de crédit n'a pas laissé d'être combattue. Il y a des théoriciens qui considèrent l'escompte non pas comme une opération de crédit, mais comme une vente avec payement au comptant. C'est par M. Georg Cohn[1]) que cette opinion est exprimée avec le plus de précision:

---

[1]) Georg Cohn, «Endemanns Handbuch des Handelsrechtes.» Bd. 3. S. 854.

«L'escompte n'est pas un prêt ni un mandat d'encaissement, ni un contrat d'une espèce particulière; il n'est rien autre chose que l'acquisition d'une valeur, par suite un achat qui s'accomplit par la remise du papier dont le prix de vente est ordinairement établi en tenant compte d'un taux d'intérêt déterminé et d'une certaine durée.»

En quoi consiste l'apport présent de celui qui négocie? Uniquement dans la remise de l'effet qui ne représente que le «droit» d'exiger un payement après un certain délai. Mais ce droit n'est pas un bien susceptible de posséder par lui même une valeur d'échange. En outre, si j'achète, en pleine connaissance de cause, une maison qui menace ruine, celle-ci venant à s'écrouler, l'achat n'en subsiste pas moins; si je fais crédit en prenant en garantie un effet dont le tiré n'est pas considéré comme très solvable, en cas de non-payement, j'exerce un recours contre l'emprunteur, l'endosseur cédant, qui, ayant reçu une avance de fonds, doit me rembourser d'une façon ou de l'autre: directement, s'il ne peut le faire indirectement, c'est-à-dire par l'entremise du tiré. L'escompte étant l'acceptation d'un effet en garantie d'une avance n'est donc pas à proprement parler une acquisition de valeur, un achat.

Par l'escompte, les banquiers rendent au public un autre service que celui d'avancer des fonds, ils facilitent la circulation des effets. Sachant qu'on en obtiendra aisément le payement anticipé, on les accepte en général sans difficulté. D'un autre côté, l'escompte active aussi la circulation des billets de banque, puisqu'il en résulte une dette de la Banque envers le client et une occasion pour celle-ci de se libérer en billets.

Tout le mécanisme de l'escompte repose sur la nécessité d'assurer aux billets en circulation leur remboursement à présentation. Ce remboursement est garanti par l'encaisse métallique d'une part, par le portefeuille d'autre part. Le portefeuille, lui, est formé par l'escompte, le seul placement de peu de durée convenable comme garantie d'un crédit essentiellement révocable. L'escompte est donc devenu un corollaire de l'émission.

«L'escompte, dit M. Loubet[1]), est une opération qui consiste à payer par anticipation, le montant d'un effet non encore échu. Présenter un effet à l'escompte c'est donc demander au banquier de faire du comptant avec un effet à terme.» L'escompte est, en général, fait par les banquiers au moyen des dépôts de leurs clients. La banque d'émission, comme contre valeur des effets escomptés, substitue aux fonds des promesses de payer à vue et au porteur, c'est-à-dire des billets de banque. Les banques d'émission «empruntent donc la somme exprimée par leurs billets à ceux qui les acceptent et qui s'en servent comme d'un équivalent de la monnaie métallique[2]).» Les dépôts des clients amènent des fonds à la Banque qui les fait fructifier par l'escompte tout en les remplaçant par des billets. La monnaie métallique s'amasse donc dans les caves de la banque sans pour cela devenir improductive.

Une banque ne doit pas accorder de crédit essentiellement différent de celui qu'elle reçoit. La banque d'émission et d'escompte reçoit des fonds en échange de ses billets. Il y a là un crédit du public envers la banque, crédit révocable sans délai puisque les billets de banque sont remboursables à vue. D'autre part le crédit que la banque accorde s'il n'est liquidable à vue, l'est du moins à de courtes périodes, d'habitude 3 mois au maximum mais en moyenne 25 à 30 jours

[1]) P. Loubet, op. cit., p. 17.
[2]) Courcelle-Seneuil. Les opérations de banque p. 214.

tout au plus. Donc un crédit de peu de durée mais déterminé, en compensation d'un crédit remboursable à tout instant mais d'une durée incertaine. Afin que l'équilibre ne soit pas rompu par suite de demandes nombreuses et subites de remboursements, la banque conserve une réserve métallique pour y faire face.

3. Du taux de l'escompte.

En cas de crise, la Banque devrait donc, d'une part, sacrifier son encaisse jusqu'à l'échéance de son portefeuille, d'autre part, fermer son portefeuille à de nouvelles admissions. Tel serait le fonctionnement strict mais c'est le principe seul et non son application rigoureuse qui s'imposera à la politique de la Banque. Celle-ci consciente du désastre que le pays subirait si elle interrompait totalement l'escompte se contentera de le modérer; elle élèvera le taux d'escompte et évitera, au besoin par tous les moyens possibles, une diminution exagérée de la réserve métallique.

Nature du taux d'escompte.

Certains économistes ont fait dépendre le taux de l'escompte de l'importance des avantages que l'escompté espère retirer du placement immédiat des fonds reçus.

Ce taux est sans doute dans une certaine mesure solidaire du profit qui résultera de l'affaire elle-même. Si un placement de fonds rapporte 10 % on sera plus tenté de se procurer de l'argent en supportant un escompte de 6 % que d'en subir un de 3 % alors que la même opération ne produirait que 5 %.

Mais ce serait exagérer fortement la signification de cette solidarité que concevoir le taux de l'escompte comme dépendant du montant possible des gains de l'entrepreneur. Le taux de l'escompte se règle, en dernière analyse, comme celui de l'intérêt en général, d'après le rapport existant entre l'offre et la demande.

Si beaucoup de capitaux cherchent un placement de courte durée et qu'il n'y ait que peu d'effets à négocier, le prix de ces effets augmentera. Le vendeur exigera pour eux une somme plus forte, c'est-à-dire que l'acheteur défalquera du prix un intérêt moins considérable pour le temps qui s'écoulera jusqu'à l'échéance, donc: taux d'escompte bas.

Une situation inverse, offre d'effets nombreux et peu d'amateurs, entraînera une diminution de valeur de la marchandise offerte ou déduction d'un intérêt plus fort, par conséquent: taux d'escompte élevé.

Dans son essence, le taux de l'escompte n'a qu'une différence essentielle avec le taux des prêts à long terme. Ce dernier est déterminé par le rapport existant entre les capitaux disponibles d'un pays, d'une contrée et la quantité de travail qui recherche des fonds pour les faire fructifier. Le taux d'escompte, au contraire, dépend dans une mesure beaucoup moindre de la situation générale du marché des capitaux; c'est plutôt le marché de l'argent, comme monnaie, et de ses équivalents ainsi que la durée forcément réduite des placements à l'escompte qui influent sur ce taux. «Il mesure le besoin de numéraire de l'industrie et du commerce d'un pays et exprime le rapport entre ce besoin et l'offre du moment[1]).»

D'autres facteurs agissent — surtout en théorie — sur le taux de l'escompte, par exemple, la difficulté du recouvrement des effets selon les contrées. Cet élément, jadis si important, n'a plus guère d'influence de nos jours. Le recouvrement des effets, même tirés sur des places non bancables, ne présente plus guère de difficulté. Certains établissements, en France, notamment, la «Société Générale», ont installé des

[1]) cf. Landmann, Diskontpolitik. Kiel u. Leipzig, 1900. p. 31.

services de recouvrement dans les plus petites localités. Pour une rémunération minime (en moyenne fr. —.30 pour 100) on peut faire toucher des effets dans les villages les plus reculés.

Conséquences du relèvement de l'escompte[1]).

L'élévation du taux de l'escompte est une mesure qui n'est guère bien accueillie dans les milieux commerçants, quoique l'on sache parfaitement qu'elle seule peut protéger efficacement l'encaisse en cas de resserrement monétaire sérieux. Elle est d'autant moins agréable au commerce et à l'industrie qu'elle s'applique lorsque la situation du marché de l'argent est déjà tendue, de sorte qu'elle peut contribuer à aggraver le malaise général. Mais elle produit aussi d'heureux résultats, d'abord parce qu'elle parvient toujours, au besoin par plusieurs relèvements successifs, à sauvegarder les réserves métalliques de la Banque, puis parce qu'elle peut modifier favorablement la situation du marché. En effet, le relèvement du taux entraîne une diminution de la valeur intrinsèque des effets de commerce, des valeurs de bourse et même des marchandises.

Un effet de 1000 francs qui, ayant 3 mois à courir, s'escomptait à $3\,^0/_0$ au prix de 992,50 francs n'en vaudra plus à $4\,^0/_0$ que 990. D'où tendance pour les cambistes à acheter ce papier puisqu'il coûte moins cher et, par cambistes, nous entendons aussi les arbitragistes étrangers qui seront, de ce chef, débiteurs du pays.

Les valeurs de bourse, surtout les valeurs internationales, servent souvent à régler à l'étranger, comme substituts des

---

[1]) Nous envisageons ici l'escompte pour un même pays; quant aux conséquences d'un écart plus ou moins grand des escomptes dans plusieurs pays, voir p. 46 les rapports réciproques de l'escompte avec le change.

effets de commerce dont elles imitent les mouvements de baisse et de hausse en suite des fluctuations de l'escompte[1]). On comprend que la dépréciation de ces valeurs suscite les achats des capitalistes et, pour autant que ces acquéreurs sont étrangers, il en résulte une nouvelle créance nationale sur l'extérieur.

Enfin, un relèvement prolongé et considérable du taux de l'escompte peut provoquer une baisse du prix des marchandises, dont les détenteurs, en quête d'argent, se défont à bas prix pour se procurer ainsi du numéraire. Cette diminution générale des prix peut aussi activer les achats de l'étranger. Dans les trois cas, le mal, c'est-à-dire l'élévation du taux, contient donc en partie son remède, en rendant, dans une plus forte proportion, l'étranger débiteur du marché national.

Mouvement de l'escompte.

Les périodes de confiance en affaires se traduisent par ce fait que chacun tient ses capitaux disponibles à la disposition du marché, tandis que la demande ne dépasse jamais la somme strictement nécessaire, chacun étant certain, vu la multiplicité des offres, de pouvoir satisfaire tous ses besoins d'argent. Il règne sur la marché de l'argent un état de grande abondance, ce qui provoque une tendance à la baisse du taux de l'escompte.

Mais que la situation vienne à changer du tout au tout, que la confiance générale disparaisse pour faire place à un courant d'inquiétude, la quantité des escomptes conclus sur

---

[1]) En effet: «Ceux qui possèdent des titres les vendent à la Bourse plutôt que de subir une grosse perte en faisant escompter leurs effets de commerce.» (P. de Beauregard, Traité d'économie politique p. 259.) Il y a donc dépréciation de ces titres, l'offre augmentant.

le marché privé diminuera sans cesse, l'offre des capitaux, dont ces escomptes dépendent en première ligne, en arrivant à disparaître presque complètement. Les banques privées qui jadis pratiquaient l'escompte à un taux inférieur à celui de la banque d'émission, se préoccupent avant tout de fortifier le plus possible leurs réserves de numéraire et ne consentent pas de prêts nouveaux. L'unique fournisseur d'argent n'est plus, pour ainsi dire, que la banque centrale d'émission qui seule doit faire face à toutes les demandes.

Les banques privées s'adressent aussi à cet établissement pour renforcer leur encaisse en lui faisant réescompter leur portefeuille. Mais la plupart des instruments de crédit, donc les effets du portefeuille, qui sont en réalité des succédanés du numéraire en temps normal, ne jouent plus ce rôle que vis à vis de la Banque d'émission, d'où resserrement monétaire de plus en plus considérable dans tout le pays. Enfin, comme les commerçants et les industriels ne savent pas si les jours suivants l'escompte, le moyen le plus usité pour se procurer de l'argent, ne sera pas devenu plus onéreux, ils cherchent à se pourvoir, tant que faire se peut, d'une réserve en numéraire ou en billets pour être à même d'effectuer les payements courants.

La demande se manifeste de plus en plus intense; l'appauvrissement des caisses de la Banque par suite de l'exagération de l'escompte et la disproportion croissante entre la circulation fiduciaire et l'encaisse métallique obligent la banque à élever le taux de l'escompte.

Le taux de l'escompte ne peut être fixe.

Comme le rapport de l'offre à la demande est essentiellement variable, le taux d'escompte, qui en dépend, ne saurait être fixe. Les enseignements de l'histoire des banques viennent confirmer cette opinion.

En France, une politique de réglementation à outrance imposa en 1782 à la «Caisse d'escompte», fondée en 1767, l'obligation de maintenir uniformément un taux de 4 %. La Banque dut quelques années plus tard suspendre ses payements en espèces.

Napoléon III appliqua une mesure analogue à la Banque de France. Par un décret du 5 mars 1852 il abaissa le taux de l'escompte à 3 %. La Banque dut se plier à cette disposition bien qu'elle n'eût jamais établi jusqu'alors de taux inférieur à 4 %. Dans les dix-huit mois qui suivirent, son encaisse perdit 220 millions de francs, une somme énorme pour l'époque. Enfin le 7 octobre 1853, elle abandonna le taux légal après plusieurs vaines tentatives pour empêcher par d'autres moyens le drainage de sa réserve métallique.

Illogisme d'une limite légale.

Il n'y a qu'un pas à déduire de l'impossibilité d'un taux fixe l'inutilité, l'impuissance d'une loi qui fixerait un maximum au taux de l'escompte.

Toutes les conditions essentielles du marché de l'escompte font que, plus que tout autre, il ne peut supporter de tutelle visant à appliquer un taux arbitraire. Au temps où les lois sur l'usure étaient en vigueur en Allemagne, le marché de l'escompte les a purement et simplement ignorées. En 1881, longtemps par conséquent avant l'abolition de ces lois[1]), von

---

[1]) En Allemagne, les dispositions pénales contre l'usure furent supprimées par la loi du 14 novembre 1867, appliquée dans toute la Confédération de l'Allemagne du Nord. Cette loi, adoptée par l'Empire en 1871, déterminait par son § I que le taux de l'intérêt et celui des avances seraient fixés par conventions mutuelles.

Treitschke dit dans son «Encyklopädie des Wechsels»: Les commerçants ne se considèrent pas le moins du monde comme liés par les lois sur l'intérêt en ce qui concerne le taux de l'escompte. En effet, il serait absurde d'empêcher un marchand de conclure une affaire, alors qu'il peut y gagner 12 % à la condition qu'on ne lui interdise pas de se procurer de l'argent à 6 % ou 7 % par l'escompte de ses effets.[1])

En France, depuis la loi du 12 janvier 1886, le taux de l'intérêt en matière commerciale n'est plus limité lorsqu'il y a eu consentement préalable des contractants. Le taux d'escompte bénéficie de cette disposition et peut dépasser le taux légal de 6 %.

La loi ne peut empêcher le taux d'escompte de suivre l'influence des facteurs économiques qui le déterminent. Même lorsqu'elle fixait en France à 6 % la limite de ce taux, les banquiers l'éludaient en prélevant une commission supplémentaire équivalente au surplus des 6 %. Le taux devait-il être normalement de 7 % par exemple, ils calculaient les intérêts au taux de 6 %, puis déduisaient en outre une commission nommée transitoire et calculée sur le chiffre déjà obtenu des intérêts, par exemple, dans le cas présent, $^1/_6$ et le résultat final était le même que s'ils avaient défalqué simplement 7 % sur le montant de l'effet.

4. Escompte officiel et escompte privé.

Les effets s'escomptent très souvent à un taux inférieur à celui de l'escompte officiel. C'est le taux privé qui, selon M. Lepeltier, ne peut s'élever au-dessus du taux officiel ni même l'atteindre[2]), ce qu'il justifie en disant:

[1]) Landmann, op. cit. p. 36.

[2]) La pratique semble contredire souvent cette affirmation de M. Lepeltier — voir aux annexes les tableaux des escomptes privé et officiel.

«Le cas échéant, les porteurs d'effets négociables préféreront conserver le papier en portefeuille pour attendre une occasion plus favorable et ils se procureront des fonds par l'escompte direct à la Banque de France à laquelle ils remettront des effets plus courts, ou du papier non négociable[1]).»

L'escompte privé est, plus encore que l'escompte officiel, dépendant de l'offre et de la demande; il est donc fixé par la situation du marché de l'argent et des effets de commerce. Ainsi, vers la fin du mois, il est généralement plus serré, plus rapproché du taux officiel parce que les banquiers doivent alors faire face aux demandes de leur clientèle qui réclame des fonds pour régler ses payements mensuels. C'est naturellement fin juin et fin décembre, les deux grandes époques de liquidation, que ce resserrement de l'escompte privé est le plus sensible. La bourse des valeurs peut aussi influer sur le taux privé de l'escompte parce que les banquiers, en des moments propices, cherchent à se débarrasser de leur papier négociable au taux privé pour en placer le produit en report à 15 jours ou à un mois et en retirer ainsi un chiffre d'intérêts plus considérable.

Normalement la différence entre les taux officiel et privé ne sera pas trop forte. Supposons que la Banque maintienne son taux au même niveau alors que le taux privé descend par suite d'une modification du rapport de l'offre à la demande des fonds: les banques privées attireront à elles une plus grande partie de l'escompte. La Banque officielle n'aura plus le même contact avec le monde des affaires, elle ne sera plus aussi bien à même de contrôler les grandes maisons. Or c'est sur la Banque officielle que repose en grande partie l'organisation du crédit de tout un pays. Elle doit donc pouvoir surveiller constamment le crédit des autres banquiers.

[1]) Lepeltier. Le portefeuille. Paris 1896, p. 247.

La situation est à peu près la même si la Banque officielle pratique le réescompte sur une grande échelle. Par ce réescompte, elle se documente sur la clientèle et les opérations des banques privées, or le réescompte lui aussi deviendrait trop onéreux si l'écart du taux officiel au taux privé dépassait une certaine mesure.

Dans un cas comme dans l'autre, la Banque doit pouvoir estimer approximativement la quantité d'effets que les banquiers privés auraient à présenter à l'escompte si une crise éclatait, car c'est à elle qu'ils s'adresseraient infailliblement. Plus donc la différence entre les deux taux augmentera, moins la Banque sera à même de juger sainement du rapport existant sur le marché entre l'offre et la demande. Elle évitera cet inconvénient grave en veillant à ce que la tension entre son taux et celui du marché ne soit pas trop marquée. Elle s'efforcera de dominer le marché, c'est-à-dire d'agir sur le taux privé pour empêcher tout écart trop prononcé.

Nous verrons au chapitre de la politique quelle est, sous ce rapport, la situation des deux Banques qui nous occupent.

5. Du change.

Le change est une opération par laquelle un débiteur se procure le moyen de payer un créancier dans un autre lieu que celui de sa résidence.

Quand le change s'accomplit dans un même pays c'est un simple transport de valeur. Quand il s'effectue entre deux pays c'est une opération qui consiste à convertir de la monnaie d'un pays en monnaie de l'autre. Cette conversion s'opère soit par le changement d'argent, soit par l'achat de lettres de change sur l'étranger. Le premier de ces deux changes est fait par les changeurs, le deuxième par les courtiers de change qui publient la cote du taux du change. C'est de ce dernier seulement que nous avons à nous occuper.

Les transactions commerciales internationales se liquident généralement par des effets de commerce remplaçant les règlements immédiats en espèces. Ces effets, qui représentent les engagements des débiteurs[1]), peuvent, en se compensant, rendre inutiles les règlements en numéraire de pays à pays. La compensation se fait entre les mains des banquiers qui achètent les créances sur l'étranger, par l'escompte, et les revendent aux nationaux débiteurs de l'étranger, par la négociation (réescompte).

Il s'est créé ainsi un marché du change et un cours du change, par conséquent, qui varie selon qu'il y a plus ou moins de lettres de change sur l'étranger et de débiteurs en quête d'effets étrangers; c'est l'éternelle loi de l'offre et de la demande, tout ceci indépendamment du taux de l'escompte qui est toujours celui du pays où l'effet est payable.

Mais, comme le fait observer judicieusement M. Paul Loubet[2]), «l'abondance plus ou moins grande des effets de commerce n'est elle-même que la conséquence des engagements respectifs des deux places.» Le prix des lettres de change dépend donc, en dernier ressort, de la situation économique de la place qui escompte envers les places tirées. Toute transaction amenant une créance ou une dette sur l'étranger entraîne des variations dans le prix des effets de commerce. Si Berlin achète à Paris plus qu'il ne lui vend, le papier français haussera à Berlin, le papier allemand baissera à Paris.

Naturellement, les marchés conclus de place à place ne sont pas les seuls régulateurs des variations du change[3]).

[1]) Par eux-mêmes, s'il s'agit de billets à ordre, par l'acceptation du tiré, s'il s'agit de traites.

[2]) P. Loubet. op. cit. p. 115.

[3]) Voir dans la 2e partie les différences entre la balance commerciale et la balance des comptes ou balance monétaire.

C'est en effet le solde de la balance des comptes qui agit sur le change et non le solde de la balance commerciale.

Parmi les autres facteurs qui influent sur le taux du change, ceux qui nous intéressent le plus sont l'échéance, le papier monnaie et surtout la différence du taux de l'intérêt entre les deux places, c'est-à-dire, comme il s'agit de prêts de courte durée, l'écart des taux d'escompte.

Le papier monnaie n'agit comme facteur que pour les pays à circulation fiduciaire dépréciée. Comme ce n'est le cas ni de l'Allemagne ni de la France, nous nous bornerons à à mentionner qu'un papier monnaie déprécié élève le cours du change dans son pays d'origine.

L'échéance des effets est un élément de la baisse des cours. «Le cessionnaire d'un effet de commerce, qui se dessaisit d'une somme égale au montant de l'effet qui lui est cédé, perd la jouissance de cette somme pendant le temps qui reste à courir jusqu'à l'échéance. Il est donc juste qu'il lui en soit tenu compte[2]).»

Enfin la différence des taux d'escompte influe aussi sur la fixation du cours des changes. En règle générale, les effets tirés sur l'étranger ne sont pas présentés au règlement par l'escompteur en personne. Celui-ci ou même un autre cessionnaire les réescompte avant l'échéance à un banquier étranger qui tient compte de l'escompte en vigueur dans son pays. On comprend donc que l'escompte de la ville sur laquelle on prend le papier soit retenu sur le prix d'achat, c'est-à-dire que les effets étrangers s'escomptent au taux en vigueur au lieu de règlement et que l'élévation de ce taux est susceptible d'agir sur le change.

---

[1]) P. Loubet. op. cit. p. 118.

Ceci nous amène à examiner les conséquences des variations de l'escompte au point de vue du change et du marché de l'argent.

6. Rapports du change et de l'escompte.

Supposons, comme ce fut le cas dernièrement, un escompte de $7^1/_2$ % à la Reichsbank et de $3^1/_2$ % à la Banque de France. Les banquiers français rechercheront le papier sur l'Allemagne, puisque les fonds consacrés à cette opération sont placés à $7^1/_2$ % alors qu'un emploi analogue en papier français ne rapporterait que $3^1/_2$ %.

En outre, comme le réescompte se fait au même taux que l'escompte, plus les banquiers conserveront ces effets étrangers en portefeuille, plus ce placement avantageux sera de longue durée, abstraction faite des «jours de banque» dont la Reichsbank tient compte comme minimum de durée avant l'échéance. Les Français détenteurs d'effets allemands les garderont donc le plus longtemps possible. Ainsi, recherché d'une part, le papier sur Berlin, par exemple, sera, d'autre part, d'autant plus rare encore qu'il ne sera guère réescompté sur la place de Paris. Son prix augmentera, c'est-à-dire que le change haussera.

A la même époque, quelle sera la situation du papier français à Berlin? Les disponibilités s'y plaçant à $7^1/_2$ %, les détenteurs d'effets sur Paris, qui les ont escomptés à $3^1/_2$ %, auront tout intérêt à les réescompter pour utiliser ensuite la contre valeur à l'achat de papier allemand qui leur rapportera du $7^1/_2$ %. Les lettres de change sur la France, d'une part, seront peu recherchées, vu leur produit médiocre, et, d'autre part, seront offertes à l'escompte. C'est dire que leur prix, le change, baissera.

Telle est l'action directe de l'écart des taux d'escompte sur les cours des changes.

Quelle influence exerce-t-il, par suite de ces circonstances, sur le marché de l'argent?

Plus l'écart est considérable, plus le numéraire se portera abondamment sur les marchés à taux élevés, puisque les capitaux flottants, étrangers comme nationaux, peuvent s'y utiliser avantageusement. Une hausse du taux de l'escompte dans un pays tend donc à provoquer un afflux d'or étranger, peu importe qu'il résulte d'un envoi direct de métal jaune ou d'une négociation de titres ou valeurs d'un rapport peu élevé.

Mais, si le taux de l'escompte peut influer sur le change et le marché des disponibilités, le cours du change, à son tour, n'est pas sans action sur le taux de l'escompte.

Prenons, pour démontrer cette influence, l'exemple de la France, d'une part, de l'Allemagne, d'autre part, qui sont toutes deux en relations étroites avec l'Angleterre. Londres est, comme l'a dit M. E. Théry, «le Clearing House des changes internationaux» si bien que tous les pays sont plus ou moins solidaires d'elle et que l'effet d'une livre sterling sur Londres est devenu l'effet-type. Il est, comme le caractérise incidemment la Banque de France, «le baromètre monétaire[1]) français» et joue d'ailleurs un rôle analogue en Allemagne[2]).

«Le pair de la livre sterling est fr. 25,22. L'effet-type sur Londres étant précisément d'une livre, si, à Paris, l'achat

---

[1]) Compte rendu de 1896, p. 12.

[2]) En réalité l'effet-type est le chèque d'une livre sur Londres qui est toujours coté à un cours quelque peu supérieur au Londres court. La différence entre les deux cours provient des 3 jours de grâce en vigueur Outre-Manche et du timbre anglais de $^1/_2\,^0/_{00}$ qui, par exception aux autres devises, est compris dans le cours du Londres-chèque.

d'une lettre de change d'une livre sur Londres coûte fr. 25,22 on dit que le change est au pair[1]).»

Au point de vue allemand, on arrive au pair de 20,43 marks pour une livre sterling en partant de ce que 40 livres Troy (373,242 grammes) à $916^2/_3/_{1000}$ de métal fin donnent 1869 livres sterling, et que 500 grammes d'or fin valent 1395 marks de monnaie d'or (moins 3 marks pour la frappe)[2]).

Si le prix de l'effet sur Londres est supérieur au pair, c'est-à-dire à fr. 25,22 à Paris et à M. 20,43 à Berlin, le change sur l'Angleterre est défavorable dans ces deux villes; il est favorable dans le cas contraire. Naturellement les changes n'expriment que la situation du moment et non la situation économique en général. Les variations du change ne peuvent, théoriquement, s'élever au-dessus ou descendre au-dessous de certaines limites appelées «gold point» de sortie, dans le premier cas et «gold point» d'entrée, dans le deuxième[3]),

---

[1]) P. Loubet. op. cit. p. 119.

M. Loubet justifie comme suit la valeur de la livre sterling au pair: «En France, avec un kilogramme d'or fin, on frappe fr. 3.444,44 de monnaie d'or; en Angleterre, avec la même quantité d'or fin, on frappe 136 livres sterling 568 de monnaie d'or. Donc si

136 livres sterling 568 = fr. 3.444,44

$$1 \text{ lire} = \frac{3.444,44}{136,568} = \text{fr. } 25,221.$$

[2]) ? marks = 1 livre sterling,
1869 livres sterling = 40 livres Troy,
1000 livres Troy d'or à $916^2/_3/_{1000}$ de fin = $916^2/_3$ livres Troy d'or fin,
1 livre Troy d'or fin = 373,242 grammes d'or fin,
500 grammes d'or fin = 1395 marks.
Donc: 1 livre sterling = 20 marks, 43.

[3]) Les mots «entrée» et «sortie» s'appliquent ici au pays qui cote le cours du change. Certains économistes les rapportent, au contraire, au pays dont le change est coté à une Bourse étrangère.

Nous nous bornons à effleurer la théorie des «gold points» qui nous écarterait de notre sujet.

et déterminées par les frais de transport en métal jaune d'un pays à l'autre.

Si donc le change favorable sur un pays atteint le «point d'entrée» de l'or, les créanciers pourront faire venir sans perte de l'or de ce pays au lieu de tirer puis d'escompter dans leur propre pays les effets fournis par eux.

Si le même change devient défavorable et atteint le «point de sortie» de l'or, tout débiteur pourra indifféremment acheter des devises sur l'extérieur et en faire remise au créancier étranger ou lui envoyer directement de l'or.

On voit que si le point de sortie est dépassé par un change exceptionnellement élevé, la circulation monétaire du pays court grand risque de s'appauvrir par les transports de numéraire à destination des pays créanciers. Ce danger existe d'ailleurs bien avant que le cours défavorable du change ait accentué à un tel point son mouvement de hausse. Toutes les fois que le papier étranger est évalué au-dessus du pair, c'est-à-dire dès que le change devient défavorable, il y a lieu de redouter une exportation de numéraire qui provoquera un drainage de la circulation métallique or. La Banque conclut de l'élévation du change au-dessus du pair que, par rapport à l'étranger, les débiteurs nationaux sont plus nombreux et plus importants que les créanciers nationaux, puisque le papier sur l'étranger devient plus cher. Une compensation suffisante des dettes par les créances d'une même place étant impossible pour le moment, il faut s'attendre à une sortie de numéraire.

Ce numéraire sera ou bien prélevé à même la circulation y compris les lingots et monnaies d'or étrangères, ou bien pris dans l'encaisse des Sociétés de crédit et surtout des Banques d'émission, par l'escompte ou les avances sur titres.

On peut donc prévoir que, dans le cas de l'Allemagne ou de la France, un change défavorable sur Londres se maintenant quelque temps sera accompagné et même suivi d'une diminution des réserves métalliques à la Reichsbank ou à la Banque de France, diminution qui coïncidera avec une augmentation de leurs portefeuilles d'escompte et de titres.

Lorsque le mouvement de hausse des changes s'accentue par trop, les deux Banques en question, pour protéger leur encaisse or et modérer leurs avances et escomptes, n'ont qu' un seul moyen vraiment efficace, c'est de relever le taux de l'escompte officiel[1]).

Il résulte par conséquent de ces rapports réciproques du change et de l'escompte que, si l'écart des escomptes de deux pays peut agir sur le cours du change, celui-ci, lui aussi, peut nécessiter une modification du taux de l'escompte.

7. L'escompte à la Banque de France.

L'escompte est, après l'émission, l'opération principale de la Banque de France comme de la Reichsbank.

Les statuts primitifs de la Banque de France, établis par la loi du 24 germinal an XI, mentionnent que «la Banque escomptera les lettres de change et autres effets de commerce. Elle refusera d'escompter les effets dérivant d'opérations qui paraîtraient contraires à la sûreté de la République, les effets résultant d'un commerce prohibé, les effets dits de «circula-

---

[1]) En théorie, si les banquiers ne prenaient aucune mesure pour protéger l'encaisse métallique, celle-ci tendrait à disparaître. Mais ils sont prévenus par la hausse des changes leur signalant la nécessité immédiate ou prochaine d'élever le taux de l'escompte. Cette élévation agit comme un frein, restreint l'étendue des opérations et permet aux banques de conserver assez de numéraire pour faire face aux réquisitions des clients. En outre, elle avertit les industriels et les commerçants qu'ils doivent modérer leurs engagements, tempérer leur esprit d'entreprise.

tion», créés collusoirement entre les signataires sans cause ni valeur réelle[1]).»

Le décret du 16 janvier 1808 indiqua quelles personnes étaient admises à escompter des effets à la Banque de France: ce sont «des commerçants et autres personnes notoirement solvables[2])». Les faillis non réhabilités sont exclus de cette faveur.

Les dispositions qui règlent l'admission à l'escompte peuvent se résumer comme suit: le papier présenté à l'escompte n'est admis qu' après opinion favorable d'un organe spécial nommé «Comité d'escompte». Les censeurs élisent, sur la proposition du Conseil général de la Banque, les membres d'un «Conseil d'escompte» qui envoie au «Comité d'escompte» 4 membres restant en fonctions 15 jours et renouvelables par moitié tous les 8 jours. Ce Comité comprend en outre 5 membres du dit Conseil général, le gouverneur et les deux sous-gouverneurs. Il se réunit tous les jours non fériés. Chaque membre du Conseil d'escompte doit exercer le commerce à Paris et être propriétaire de dix actions qui sont inaliénables.

Le gouverneur de la Banque à un droit de contrôle et même de veto absolu sur l'admission des effets à l'escompte.

Les montants destinés à faire l'escompte et le taux de cet escompte sont déterminés par le Conseil général de la Banque[3]).

Il faut que le portefeuille soit à court terme pour qu'il puisse être facilement réalisé. Les rentrées successives de fonds doivent établir avec les entrées en portefeuille un roulement continu et assez régulier, de façon à combler les vides de l'encaisse résultant des nouvelles acquisitions d'effets. C'est ce que le décret de 1808 a voulu favoriser en stipulant,

---

[1]) Loi du 24 germinal au XI. art. 5.

[2]) Décret du 16 janvier 1808 — art. 9.

[3]) „ „ „ „ „ — art. 35 et 49.

dans son art. 9, que la durée de l'échéance des effets présentés à l'escompte ne pourrait dépasser 90 jours, calculés à partir du jour de l'admission.

L'escompte exige de la part de la Banque une grande prudence car il présente un certain aléa. La valeur d'un effet dépend de la solvabilité de ses garants. Ceux-ci sont d'abord le tiré d'une traite ou le souscripteur d'un billet à ordre, puis tous ceux qui, à un titre quelconque, ont apposé leur signature sur l'effet.

La Banque de France, pour diminuer les risques d'insolvabilité, exige, conformément à la loi[1]), trois signatures différentes sur chaque effet présenté à l'escompte «Tout effet pour être escompté par la Banque doit être garanti par 3 signatures au moins.»

Peuvent être escomptés, quoique ne portant que deux signatures:

1°) les warrants susceptibles d'endossement. La marchandise servant de garantie compense l'absence de la 3e signature.

2°) les effets qui sont garantis en outre par un transfert d'actions de la Banque[2]), d'effets publics français[3]) ou d'autres valeurs déterminées.

L'admission à l'escompte est soumise à la Banque de France à un principe rigoureusement observé: l'uniformité du taux. Le même taux est appliqué à tous, sans distinction, toute mesure d'exception quant au taux est repoussée. Les conditions sont les mêmes pour tous, avec cette restriction que, moyennant le transfert ou le dépôt en garantie de valeurs dont la liste est publiée, la Banque admet les effets à deux signatures.

[1]) Décret du 16 janvier 1808 — art. 11.
[2]) „ „ „ „ „ — art. 12.
[3]) Loi du 30 juin 1840 — art. 3.

Pour être admis à présenter des effets à l'escompte, il faut être titulaire d'un compte courant avec faculté d'escompte.

La Banque établit une distinction stricte entre les comptes courants simples, qui n'impliquent pas la faculté de faire des présentations à l'escompte, et les comptes-courants qui confèrent ce droit.

L'ouverture d'un compte-courant avec faculté d'escompte est accordée, sur demande, par le Comité d'escompte, après examen de la solvabilité du demandeur. Les effets présentés à l'escompte doivent tous être tirés sur des places bancables[1]). L'escompte est perçu d'après le nombre de jours à courir, et il ne peut porter sur moins de cinq jours pour les effets sur place, ceux de Paris sur les succursales ou des succursales sur Paris; sur moins de 8 jours pour les effets de succursales sur succursales, sur Bureaux auxiliaires et sur villes rattachées, quel que soit le lieu où ils sont escomptés.

Quant à la somme prélevée par l'escompte la Banque exige un minimum de 10 centimes par effet et de 25 centimes par bordereau.

La limite d'admission des effets à l'escompte est de 5 francs, pour le papier déplacé comme pour les effets sur place.

Outre l'escompte, la Banque pratique l'encaissement d'effets aux conditions suivantes: il faut être titulaire d'un compte courant et pésenter à l'encaissement sur place des effets n'ayant pas plus de cinq jours à courir. Le montant est porté au crédit du compte, sous déduction d'une commission.

Il existait, en décembre 1907, 467 places bancables en France, divisées en une Banque centrale, 127 succursales, 55 bureaux auxiliaires et 284 villes rattachées.

---

[1]) Par places bancables, il faut entendre les localités où la Banque de France est représentée.

8. L'escompte à la Reichsbank.

Par la loi d'organisation de la Reichsbank, celle-ci est autorisée à escompter les effets d'une durée maximum de 3 mois portant en général trois, mais à la rigueur deux signatures de personnes notoirement solvables[1]).

Il s'agit en principe, pour la Banque, d'une pure autorisation sans obligation expresse. En pratique, cette autorisation vaut ordre car l'influence de l'Etat est trop prédominante dans l'organisation de la Reichsbank pour qu'il y ait lieu de craindre la non observation ne fût-ce que d'un simple vœu émanant des pouvoirs publics.

La Reichsbank escompte donc des effets à 3 signatures et d'autres à 2 signatures. Il y a là un traitement de faveur consistant à exiger moins de garanties de certains commerçants ou industriels. Parfois même, à l'inverse du système français, elle escompte des effets à un taux inférieur à son taux officiel de sorte qu'elle pratique alors, suivant les cas, un escompte régulier et un escompte privé. Ce dernier est d'ailleurs indépendant du marché de la Bourse; il peut en conséquence y avoir en Allemagne un taux officiel et un taux privé, l'un et l'autre établis par la Reichsbank, et un taux privé du marché qui n'est pas forcément identique au taux privé de la Reichsbank.

Jusqu'en 1880 à peu près, le taux privé d'escompte n'était appliqué que par les banques privées. A partir de cette année, sur l'autorisation du «Bundesrat», la Reichsbank escompta, elle aussi, certains effets à un taux inférieur à son taux officiel.

De 1880 à 1900, elle eut pleine liberté dans l'application

---

[1]) Loi du 14 mars 1875, § 13—2.

des deux taux. Pendant cette période, sa façon d'agir fut vivement attaquée. On affirmait que le fait d'escompter en dessous du taux officiellement publié était contraire à l'esprit de la loi de création. Celle-ci en effet décide que la Reichsbank devra, dans un relevé hebdomadaire de sa situation, faire officiellement connaître le taux de son escompte[1]. Lorsqu'approcha la date du renouvellement du privilège de la Reichsbank (1901), les attaques redoublèrent et, dès la première discussion au Reichstag, on présenta des projets visant à interdire à la Banque d'escompter à un taux privé. Celui-ci disait-on, favorisait surtout certains gros financiers.

D'autre part, on répliqua que les conditions auxquelles la Banque appliquait le taux privé n'avaient rien d'exceptionnel. Elle se bornait à exiger une somme d'une importance moyenne comme montant de l'effet, un nombre suffisant de jours à courir et une solvabilité notoire des garants. Aussi cet escompte privé était-il accordé à un grand nombre de commerçants de la classe moyenne et même, par l'entremise de coopératives, à des artisans, des agriculteurs et de petits négociants.

Le Reichstag décida que la Reichsbank ne devait plus escompter à un taux privé dès que son taux officiel atteignait ou dépassait 4 %. Il ordonna également, le cas échéant, la publication au journal officiel des deux taux. En outre, il adopta une disposition supplémentaire formulée en ces termes: Les banques d'émission privées doivent s'engager à ne pas escompter, à partir du 1er janvier 1901, au-dessous du taux de la Reichsbank publié officiellement, aussitôt que ce taux atteint ou dépasse 4 %; dans le cas contraire, elles ne devront pas escompter à plus d'un quart pour cent au-dessous du taux officiel, ou, si la Reichsbank elle-même escompte à un taux

[1]) Loi du 14 mars 1875, § 15.

inférieur, ne pas descendre au-delà d'un huitième au-dessous de ce dernier taux[1]).

La loi était donc bien plus une mesure protectrice de la Reichsbank contre la concurrence effrénée des autres banques d'émission qu'une loi répressive de l'escompte privé pratiqué par la Banque officielle. En effet, l'interdiction pour la Reichsbank d'escompter à un taux privé dès que son taux officiel atteint 4 %, ne modifiait en rien la ligne de conduite qu'elle avait suivie, du moins pendant les tout dernières années. La Banque s'était d'elle-même conformée à ce principe avant qu'il fût exprimé légalement, et, de 1897 à 1901, l'escompte officiel n'ayant été qu'une seule fois (en 1897) inférieur à 4 %, elle ne pratiqua pas du tout d'escompte privé.

Voyons maintenant comment la Reichsbank applique les principales dispositions que la loi lui prescrit et quelles mesures elle a prises au sujet de l'escompte.

Puisqu'il faut au minimum deux signatures, elle exige d'abord que ces signatures ne proviennent pas de deux personnes appartenant à la même raison sociale, et refuse impitoyablement les traites n'ayant pas un nombre suffisant de garants, même lorsqu'à défaut de la signature du tiré elles portent la mention qu'un exemplaire accepté est déposé en un lieu connu.

La Reichsbank, sans exiger de rémunération, se charge de présenter à l'acceptation du tiré les traites qui doivent être escomptées tout de suite après l'accomplissement de cette formalité.

Les billets à ordre et les chèques (sauf ceux émis en Angleterre ou aux Etats-Unis) ne peuvent faire l'objet d'un escompte à la Reichsbank.

---

[1]) Loi du 7 juin 1899.

L'escompte des effets n'est pratiqué qu'avec les personnes ou les maisons qui sont connues très exactement de la direction et qui lui inspirent pleine confiance. Toutefois l'escompte n'est pas limité aux commerçants et industriels; on admet aussi à l'escompte direct des gens qui exercent d'autres professions, par exemple des artisans.

Seuls sont escomptables les effets provenant soit d'une opération commerciale véritable, soit d'un crédit accordé par une banque ou une maison sérieuse. Les traites de complaisance sont donc, dans la mesure du prossible, exclues de l'escompte.

Pour le calcul de l'escompte, la Reichsbank tient compte d'un minimum de: 4 jours pour les effets payables au lieu de l'escompte; 5 jours pour les effets déplacés de 10000 marks au moins ou pour tout bordereau d'une valeur minimum de 20000 marks, à la condition que tous les effets de ce bordereau soient de 5000 marks au moins; 10 jours pour tous les autres effets y compris ceux payables dans une localité où la Reichsbank a un bureau dépendant de la succursale qui fait l'escompte.

Portefeuille étranger.

La Reichsbank escompte et négocie les effets émis sur les places de l'étranger dont la liste est déterminée par elle.

Elle divise ces localités en place de premier ordre, par exemple Paris pour la France, Anvers et Bruxelles pour la Belgique, et places de second ordre.

Achat. Les effets de la seconde catégorie sont, en général, évalués à un cours un peu plus élevé que ceux de la première. Seuls les effets sur l'Angleterre, la Belgique, la France, la Hollande, l'Italie, le Danemark, la Suède, la Norvège et la Suisse sont admis à l'escompte.

La Reichsbank achète les effets sur l'étranger aux conditions suivantes:

1) si le vendeur doit, de ce chef, des intérêts à la Banque, le taux est celui de l'escompte du pays où l'effet est payable.

2) si la Banque accorde des intérêts au vendeur, le taux est inférieur au taux de l'escompte étranger[1]).

Vente. Les effets étrangers escomptés dans tout l'Empire sont tous envoyés à Berlin. On peut les y acheter, au besoin par télégramme, au dernier cours de la Bourse.

Le client paye un droit de 1 ‰ (50 pfennigs au moins) sur le montant de chaque bordereau ayant trait au même pays. Ce droit n'est pas prélevé, notamment, lorsque l'acheteur dédommage la Banque en concluant avec elle certaines opérations à titre onéreux (par exemple en lui faisant escompter des effets ayant au moins 10 jours à courir).

L'Allemagne comptait, en décembre 1907, 457 places bancables. La Reichsbank comprenait alors:

1 banque centrale

19 succursales

74 bureaux auxiliaires

395 bureaux rattachés (dont 22 ne sont pas places bancables).

---

[1]) Par exemple, pour le papier long: ½ % en moins du taux étranger, lorsqu'il est égal ou inférieur à 4 %; 1 % lorsqu'il est supérieur à 4 %, mais n'atteint pas 7 %; 1½ % lorsqu'il est supérieur à 7 %.

Pour le papier demi-long, la diminution est de 1, 1½ et 2 %.

VI. Autres opérations des deux Banques.

1. Comptes courants.

Nous avons dit, dans un chapitre précédent, que les Banques reçoivent les sommes qui leur sont confiées par les particuliers et que ces dépôts ne sont productifs d'intérêts ni à la Reichsbank ni à la Banque de France. Ces sommes sont portées en comptes courants et peuvent désormais passer d'un compte à l'autre sans déplacement de fonds, par le fait d'un simple changement d'écritures nommé virement. Il y a là un moyen efficace d'épargner un emploi inutile de numéraire puisque sans ce virement la même somme aurait dû être prélevée sur la circulation soit monétaire, soit fiduciaire.

Voyons quelle est l'organisation des comptes courants dans les deux Banques.

a) Comptes courants de la Banque de France.

La Banque de France distingue entre comptes courants simples, comptes courants avec faculté d'escompte, comptes courants d'avances et comptes de dépôts de fonds. Enfin elle ouvre des comptes courants extérieurs aux personnes qui ne résident pas dans une ville où est établie une succursale de la Banque, ce qui entraîne la faculté de traiter toutes les opérations par correspondance.

Il a déjà été question des comptes courants simples et avec faculté d'escompte[1]). Nous examinerons au chapitre suivant les comptes courants d'avances.

Les titulaires de tous ces comptes, à l'exception toutefois des comptes de dépôts de fonds, ont le droit de virer, c'est-à-dire de faire débiter leur compte au profit d'un autre titu-

---

[1]) Voir p. 53.

laire et d'être crédités des bons de virement provenant d'autres comptes courants. Ils reçoivent de la Banque trois carnets différents: 1⁰) un carnet de bons de virements rouges, destinés à faire passer une somme au crédit d'un autre compte courant de la même place; 2⁰) un carnet de chèques directs violets, à ordre ou au porteur, pour retirer des fonds; 3⁰) un carnet de chèques indirects roses, exclusivement à ordre et déplacés, c'est-à-dire tirés sur une succursale de la Banque autre que celle où le compte courant est ouvert.

Les comptes de dépôts sont crédités des versements effectués à leur profit et des virements déplacés. Les titulaires de ces derniers comptes n'ont pas la faculté de recourir aux bons de virement pour s'acquitter envers d'autres titulaires, mais la Banque leur remet un carnet de chèques, gratuits sur place, soumis à une commission lorsqu'ils sont déplacés.

Tout compte courant ou compte de dépôts a le droit de tirer des chèques en remboursement de son avoir, avec cette seule réserve qu'il ne peut émettre de chèques déplacés au-dessous de 50 francs.

Tout compte courant (à l'exclusion des comptes de dépôts) peut émettre des bons de virement; la Banque de France délivre en outre à toute personne des virements au crédit de ses comptes courants et de ses comptes de dépôts de fonds. Il n'est pas délivré de virements inférieurs à 50 francs.

Les chèques et virements sur place sont gratuits.

Les chèques et virements déplacés sont soumis à une commission de fr. 0.25 $^0/_{00}$ avec un minimum de fr. 0.25 [1]).

---

[1]) Les chèques et virements de place à place sont cependant gratuits lorsque la provision résulte d'un crédit par escompte ou par effets au comptant, si les effets sont tirés à un délai de 10 jours y compris celui de la présentation à l'escompte ou de la remise à l'encaissement.

b) Comptes courants de la Reichsbank.

La Reichsbank établit une distinction entre les comptes-courants sans limitation (freier Giroverkehr) et les comptes-courants avec limitation (beschränkter Giroverkehr).

Par comptes courants sans limitation, il faut entendre ceux qui sont ouverts à la Reichsbank à Berlin, dans les succursales, les bureaux auxiliaires et dans un nombre déterminé de bureaux rattachés (Banknebenstellen) et qui ne sont pas soumis à certaines restrictions applicables aux autres comptes-courants. Les comptes-courants avec limitation, ouverts dans les localités de moindre importance, sont sous la dépendance de la succursale ou du bureau auquel ces localités sont rattachées. Ainsi, les versements dépassant 5000 marks doivent être annoncés par le titulaire à cette succursale ou à ce bureau; les retraits ne sont possibles qu'à la condition que le bureau rattaché ait des fonds suffisants; le titulaire peut d'ailleurs toujours s'adresser au bureau qui dirige les opérations du bureau rattaché. D'une façon générale, les clients d'un tel bureau n'ont pas tout à fait les mêmes facilités que les titulaires de comptes-courants sans limitation.

La Reichsbank ne connaît pas de comptes avec ou sans faculté d'escompte. La principale condition est l'obligation pour le titulaire de conserver toujours en banque un minimum de fonds en rapport avec l'importance de sa maison et les exigences de ses affaires. Le montant de ce dépôt est déterminé spécialement pour chaque cas, selon les relations plus ou moins fréquentes que le client compte avoir avec la Banque et selon l'importance des services qu'il attend d'elle.

D'habitude, lors de la demande de l'ouverture d'un compte, la Banque conclut un arrangement particulier avec le solliciteur et si l'avenir montre que celui-ci a estimé trop bas le chiffre de ses affaires avec la Banque, la somme minimum est augmentée en conséquence. La Banque part donc de ce principe qu'elle doit être rémunérée à raison des services qu'elle rend, par l'intérêt des capitaux déposés. Même dans les plus petites localités, la somme minimum est toujours de 1000 marks au moins. Ce minimum atteint plusieurs milliers de marks par compte dans les grandes places commerciales et est même très considérable si le client est une banque privée ou une grande société commerciale ou industrielle.

Dans ses relations avec les particuliers non commerçants, la Reichsbank n'exige d'habitude pas de dépôt minimum parce que de tels clients ont recours à la Banque plutôt pour y mettre en sûreté leurs fonds disponibles que pour se servir d'elle comme caissier.

Les comptes-courants de la Reichsbank sont crédités, sans formalités préalables, des avances et escomptes faits en faveur du titulaire. Un tel compte répond donc à la fois au compte avec faculté d'escompte et au compte d'avances de la Banque de France.

Les titulaires reçoivent de la Reichsbank deux carnets différents pour effectuer leurs virements et retraits: 1°) un carnet de chèques blancs, qui servent à prélever des fonds en espèces, à moins qu'ils ne soient barrés, auquel cas il y a lieu à inscription au compte du porteur ou à compensation de prêts, d'effets dont il doit le montant à la Banque.

2°) Un carnet de chèques rouges, destinés aux virements de compte à compte.

La Reichsbank publie toutes les années une liste de ses titulaires de comptes courants et la complète chaque mois. Par ce procédé elle facilite beaucoup les virements.

A l'inverse de ce qui a lieu à la Banque de France, les chèques et les virements même déplacés ne sont soumis à aucun droit[1]), il est vrai que la Banque de France n'impose

[1]) La Reichsbank n'accorde plus la gratuité en dehors de cer-

pas de dépôt minimum et qu'elle accorde également, dans des cas déterminés, la gratuité de ses bons offices.

Toutefois, lorsqu'il s'agit de versements faits par des personnes non titulaires d'un compte courant, ces versements, autorisés dans toutes les places bancables, sont frappés d'une commission de 10 pfennigs par 1000 marks ou fraction de 1000 marks, avec un minimum de 30 pfennigs, mais il existe de multiples exemptions.

c) Chambres de compensation — Abrechnungsstellen.

Nous en arrivons à une institution propre à la Reichsbank et qui est de la plus grande importance pour les opérations en comptes-courants, ce sont les «Abrechnungsstellen» correspondant aux Clearing Houses anglais ou américains ou à la Chambre de compensation de Paris. Mais en Allemagne, c'est la Reichsbank qui a organisé et qui dirige les «Abrechnungsstellen» tandis que dans les autres pays il s'agit d'organismes indépendants. C'est donc la Reichsbank qui, en prenant cette initiative, contribue, tout comme par ses virements, à économiser le numéraire, les billets de banque dans les payements, à accélérer, à faciliter et à contrôler les liquidations.

La Banque d'Angleterre est affiliée au Clearing House depuis 1864 seulement[1]), la Chambre de compensation de Paris fut fondée en 1872, celle de Vienne en 1864, celle de Rome en 1881. En 1883, forte de l'expérience acquise dans les autres pays[2]), la Reichsbank s'entendit avec les principaux

taines heures de bureau, par exemple les chèques rouges remis après 4 heures sont sujets à une taxe de 50 pfennigs; après $4^1/_2$, à une taxe de 1 mark.

[1]) On fait remonter à 1780 parfois à 1775 la création du Clearing House de Londres.

[2]) Les Etats-Unis comptaient déjà à cette époque plus de 60

établissements de crédit et fonda 7 Chambres de compensation, copiées sur le Clearing House de Londres: à Berlin, Francfort-sur-le-Main, Stuttgart, Cologne, Leipzig, Dresde et Hambourg. L'année suivante elle en établit deux autres, à Brême et à Breslau. A présent il en existe 14 (Elberfeld, Chemnitz, Dortmund, Munich et Brunswick). Ces 14 Chambres comprenaient, en 1907, 160 membres y compris les 14 comptoirs de la Reichsbank.

Tandis que les virements ne permettent que les compensations entre les clients d'une même banque, ces Abrechnungsstellen accordent les mêmes facilités aux compensations de banque à banque, car les banques qui ne sont pas inscrites à la Chambre ont un compte ouvert chez un des membres et, par son intermédiaire, règlent jour pour jour leurs créances et leurs dettes par de simples écritures, le solde seul faisant l'objet d'un règlement ou étant reporté en compte. Il y a donc lieu à trois compensations successives dans ce cas:

1⁰) entre les divers clients d'un même banquier,

2⁰) entre les clients (banquiers y compris) de chaque membre de la Chambre,

3⁰) entre les divers membres de la Chambre.

Nous verrons plus tard par le détail les résultats que la Reichsbank a obtenus par ses «Abrechnungsstellen» [1]).

2. Avances de fonds.

Le but des avances est de permettre aux commerçants et aux industriels de se procurer des fonds à l'aide de certaines valeurs qu'ils possèdent, et sans qu'ils soient obligés de les vendre.

Chambres de compensation dont la plus puissante, celle de New-York, ne le cédait guère en importance au Clearing House londonien.

[1]) Voir à la conclusion et aux annexes.

a) Banque de France.

La Banque de France ne consent des avances que sur des titres ou des lingots ou monnaies.

Avances sur titres. La proportion du prêt varie suivant la nature des titres dont la liste est déterminée par la Banque. Ces titres sont des effets publics, des actions et obligations de chemins de fer, des obligations du Crédit foncier, de départements, de villes, etc.

En règle générale, la Banque avance 60, 75 $^0/_0$, parfois 80 $^0/_0$ de leur valeur.

Les avances sur titres sont de deux sortes:

1⁰) Les avances simples ou ordinaires, dont le minimum est de 250 francs et qui sont consenties pour 90 jours mais, à défaut de remboursement à l'échéance, se continuent d'elles-mêmes. Le montant de l'avance est remis à l'emprunteur en un chèque payable dans un des bureaux de la Banque. Ces avances sont remboursables par anticipation et par acomptes mais avec 15 jours d'intérêts au moins.

2⁰) Les avances en compte courant. Il s'agit des comptes courants d'avances dont le titulaire fait usage au moyen de chèques et de virements. Le crédit à accorder ne peut dépasser trois millions. Les intérêts dus à la Banque ne portent que sur les sommes prélevées, non sur le prêt maximum que le titulaire est autorisé à toucher. Toutes les sommes, quelle que soit leur importance, peuvent être versées au Compte courant d'avances qui est, de ce chef, susceptible de présenter un solde créditeur. Le minimum d'intérêt sur les prêts est de 5 jours. Les sommes avancées peuvent être remboursées par acomptes. Si l'emprunteur est en même temps compte-courant d'escompte, le net des bordereaux d'escompte peut, s'il en exprime le désir, être porté au crédit de son compte d'avances.

Qu'il s'agisse d'avances simples ou d'avances en compte-courant, les arrérages des titres engagés peuvent être virés en déduction des intérêts échus et du capital emprunté, c'est-à-dire, le cas échéant, au crédit d'un compte-courant quelconque ou même d'un compte de dépôts de fonds.

Avances sur lingots et monnaies. La Banque de France accorde à Paris et dans quelques succursales des avances sur les monnaies étrangères et sur les lingots d'or. Le Conseil Général de la Banque fixe le taux auquel ces avances se font (par exemple 1 %). La durée du prêt est de 36 jours.

L'intérêt de ces 36 jours est toujours acquis à la Banque. Passé ce délai, l'avance peut être prolongée, mais les intérêts sont alors calculés au prorata des jours écoulés.

Le minimum de ces avances est de 10000 francs.

b) Reichsbank.

La Reichsbank, en vertu du § 13 de la loi fondamentale de 1875, consent des avances:

1°) sur les lingots et monnaies d'or et d'argent, d'après leur valeur intrinsèque, déduction faite de 5 %;

2°) sur les effets de commerce, nationaux ou étrangers, après déduction de 5 % de leur valeur nominale en monnaie allemande. Ces effets doivent être endossés en blanc et satisfaire aux mêmes conditions que les effets admis à l'escompte. La Banque ne prête pas sur les effets à vue. La Banque ne se charge pas de présenter ces effets au payement à l'échéance. L'emprunteur doit les retirer au moins 5 jours avant l'échéance, il peut d'ailleurs les remplacer par d'autres;

3°) sur les titres désignés dans la liste que la Reichsbank dresse à cet effet. Cette liste range les titres en deux classes. Sur le montant des titres de la 1re classe, la Reichsbank avance les $^3/_4$ de leur valeur en bourse, sur ceux de la 2e classe, la moitié de leur valeur en bourse;

4⁰) sur des marchandises de bonne qualité et non sujettes à une dépréciation rapide, telles que les céréales, le lin, le chanvre, le cuir, le tabac allemand, le fer, le plomb, le café, le sucre, les spiritueux, les vins, etc. Suivant les cas, la Reichsbank avance $^2/_3$ ou $^1/_2$ de la valeur de ces marchandises.

Les dispositions générales suivantes s'appliquent à toutes les avances:

Tous les comptoirs de la Banque sont autorisés à faire des avances. Les étrangers ne peuvent emprunter que s'ils ont leur domicile à l'endroit où se trouve le comptoir auquel ils s'adressent. Les prêts ne sont d'habitude pas inférieurs à 500 marks et ne peuvent être accordés pour plus de 3 mois. Le remboursement de l'avance peut être réclamé journellement et sans préavis. Les intérêts doivent être réglés tous les 3 mois, si possible avant l'expiration de chaque trimestre.

IIe Partie.

Politique des deux Banques.

VII. Considérations générales.

Avant d'examiner les motifs qui ont guidé l'administration des deux grandes banques, voyons les effets obtenus par leur politique; nous remonterons alors à leurs causes.

Les effets se manifestent: A) au point de vue de l'émission, par le rapport existant entre la circulation et l'encaisse; B) au point de vue de l'escompte, par le taux de l'escompte et les totaux de ce genre d'opération.

A) Encaisse et circulation.

Il résulte du tableau ci-contre:

1°) que la couverture métallique des billets est très stable en France; elle est presque toujours voisine de 85%, rarement inférieure à 80 ou supérieure à 90%;

2°) que la couverture métallique des billets de la Reichsbank est plus instable; de 74% en 1876, elle atteint presque graduellement 96% pour retomber peu à peu à 57% en 1907;

Encaisse et circulation des deux Banques.

Moyennes annuelles.

Années	(Millions de francs) Encaisse de la Banque de France			(Millions de marks) Encaisse de la Reichsbank		(Millions de francs) Circul. de billets français	(Millions de marks) Circul. de billets de la Reichsbank	Rapport de l'encaisse à la circulation en %	
	Or [1])	Argent [1])	Total	Or [2])	Total			Banque de France	Reichsbank
1876	—	—	1987	—	510	2484	684	80.0	74.55
1877	—	—	2195	—	523	2489	694	88.1	75.27
1878	—	—	2072	—	494	2339	622	88.6	79.35
1879	—	—	2115	—	534	2199	667	96.1	80.—
1880	—	—	1974	—	562	2305	735	85.6	76.47
1881	604.5	1219.5	1824	—	556	2576	739	70.7	75.26
1882	906	1140	2046	—	548	2732	747	74.9	73.49
1883	982	1045	2027	—	601	2926	737	69.2	81.64
1884	1021	1004	2035	—	591	2928	732	69.4	80.74
1885	1103	1073	2176	—	586	2846	727	76.4	80.57
1886	1302	1120	2422	—	693	2789	802	86.8	86.40
1887	1189	1172	2361	—	772	2719	860	86.8	89.75
1888	1088.5	1212.5	2301	—	903	2676	933	85.9	96.82
1889	1152	1246	2398	—	871	2876	987	83.3	88.28
1890	1256	1257	2513	—	801	3060	983	82.1	81.41
1891	1279	1254	2533	—	893	3084	971	82.7	91.99
1892	1547	1279	2826	—	942	3151	984	89.6	95.67
1893	1685	1271	2956	—	841	3445	984	85.7	85.47
1894	1821	1262	3083	—	934	3476	1000	88.7	93.40
1895	2048	1243	3291	704	1011	3526	1095	93.3	92.35
1896	1978	1244	3222	602	891	3607	1083	89.3	82.32
1897	1962	1222	3184	591	871	3687	1085	86.3	80.27
1898	1875	1225	3100	583	850	3694	1124	83.9	75.67
1899	1865	1197	3062	572	825	3820	1141	80.1	72.30
1900	2103	1134	3237	570	817	4034	1138	82.0	71.77
1901	2410	1105	3516	664	911	4115	1190	85.5	76.57
1902	2548	1110	3659	725	982	4162	1229	88.0	79.88
1903	2492	1109	3602	650	904	4310	1248	84.0	72.47
1904	2564	1113	3678	682	926	4283	1288	86.0	71.92
1905	2854	1101	3956	745	972	4408	1335	89.76	72.84
1906	2882	1049	3931	674	890	4658	1387	84 39	64.23
1907	2703	971	3674	633	843	4800	1478	76.54	57.03

[1]) Les Comptes-rendus antérieurs à 1881 n'indiquent pas ces moyennes. Voici les chiffres qu'ils contiennent à ce sujet:

Années	Or		Argent	
	Maximum	Minimum	Maximum	Minimum
1876	1.544,8	1.165,4	639,5	494,5
1877	1.556,5	1.204,1	866,7	637,1
1878	1.202,4	1.003,4	1.058,8	860,9
1879	1.087,8	752,2	1.224,6	1.055,9
1880	826,9	536,4	1.282,5	1.212

[2]) Les rapports officiels de la Reichsbank n'indiquent l'encaisse-or que depuis 1895.

3⁰) que la circulation fiduciaire de la Banque de France suit une progression constante et rapide (elle a doublé depuis 1876);

4⁰) que la circulation de la Reichsbank croît dans la même proportion (en 1906, elle est le double de ce qu'elle était en 1876);

5⁰) que la circulation de la Banque de France vaut presque constamment et approximativement $3\,^1/_2$ fois celle de la Reichsbank;

6⁰) que l'encaisse de la Reichsbank progresse moins rapidement que sa circulation;

7⁰) que l'encaisse de la Banque de France croît à peu près dans les mêmes proportions que sa circulation;

8⁰) que l'encaisse argent de la Banque de France, d'abord prédominante, a beaucoup perdu de son importance relative au profit de l'encaisse or;

9⁰) que l'encaisse or de la Reichsbank reste, depuis 1895, sensiblement la même, avec une tendance à diminuer;

10⁰) que l'encaisse or de la Banque de France est devenue $4\,^1/_2$ fois plus forte depuis 1881 et a augmenté de $32\,^0/_0$ depuis 1895;

11⁰) que cette encaisse or valait, en 1907, plus de 4 fois celle de la Reichsbank.

B) Escompte: taux et totaux.

a) Diagramme des taux (v. p. 72 et 73).

Le trait plein figure les variations réelles du taux de l'escompte à la Banque de France, tandis que le trait pointillé représente les modifications de la moyenne annuelle du taux de l'escompte à la Reichsbank (petit pointillé) et à la Banque de France (gros pointillé).

Ce diagramme nous montre que pas une seule fois de 1875 à 1907 la moyenne du taux français n'a atteint la moyenne du taux de la Reichsbank. Il s'agit donc bien d'un écart permanent.

Il n'eût guère été possible, à moins de donner à ce diagramme une étendue démesurée, d'indiquer, quant à la Reichsbank, les variations du taux réel. Ainsi dans les dix dernières années, de 1897 à 1908, l'escompte, en France, a changé 8 fois, alors qu'il a subi en Allemagne, pendant la même période, 42 modifications. Nous nous sommes donc borné, en ce qui concerne le taux officiel de la Reichsbank, à tenir compte de sa moyenne annuelle. Nous avons calculé la moyenne du taux de la Banque de France à raison de 30 jours pour chaque mois. On voit d'ailleurs que l'escompte allemand ne s'est qu'une seule fois maintenu à la même hauteur pendant tout un exercice, savoir, en 1884, à 4 %; le taux français est resté au même niveau pendant les exercices 1875 (4 %), 1884 à 1887 (3 %). 1890 et 1891 (3 %), 1893 et 1894 (2½ %), 1896 et 1897 (2 %), 1901 à 1906 (3 %).

Les commerçants, les industriels et les banquiers peuvent, lorsque le taux de l'escompte est stable, calculer d'une façon assez précise leurs engagements futurs. Des variations trop fréquentes du taux amènent une certaine incertitude dans l'estimation du prix de revient. Les bénéfices, surtout dans le commerce de marchandises, peuvent être réduits à rien par des élévations successives et rapides portant le taux de l'escompte par exemple de 3 à 6 %.

En plus, le fonctionnement des affaires est rendu plus difficile par des changements trop nombreux du taux. Les banquiers établissent en général les taux débiteurs et créditeurs de leurs comptes courants d'après le taux officiel de l'escompte. Chaque élévation ou baisse de ce dernier nécessite donc de multiples opérations de comptabilité.

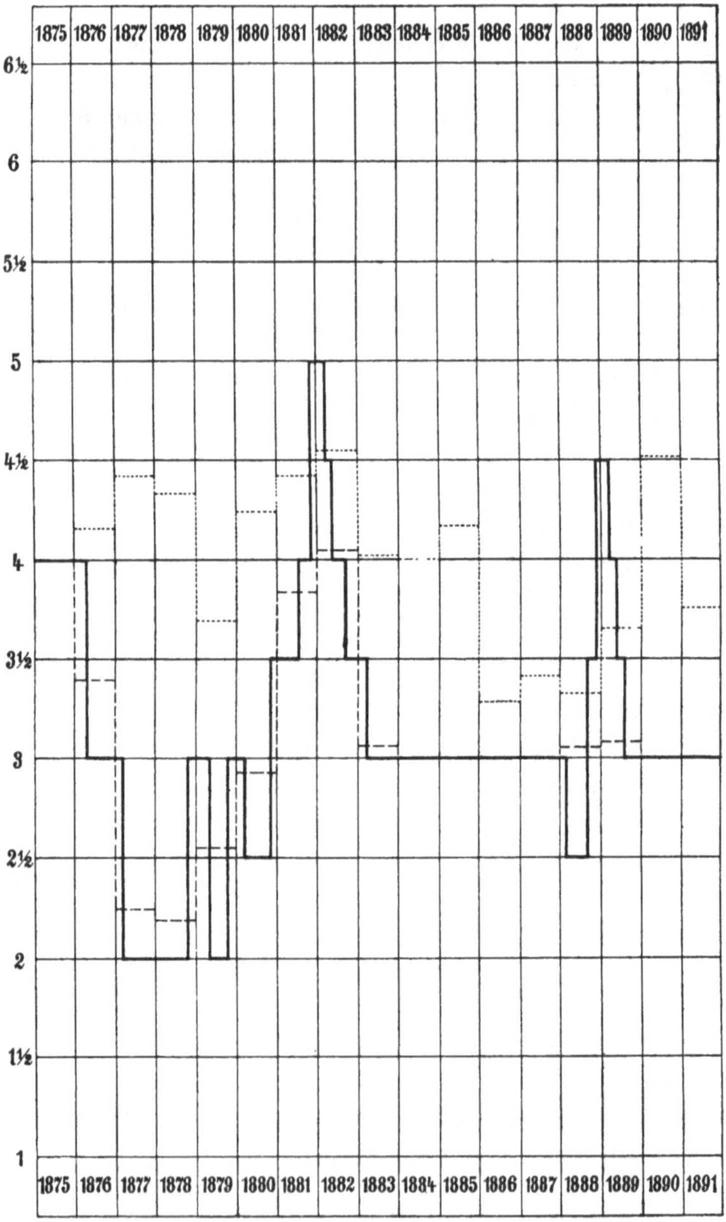
1875
1876
1877
1878
1879
1880
1881
1882
1883
1884
1885
1886
1887
1888
1889
1890
1891
6½
6
5½
5
4½
4
3½
3
2½
2
1½
1

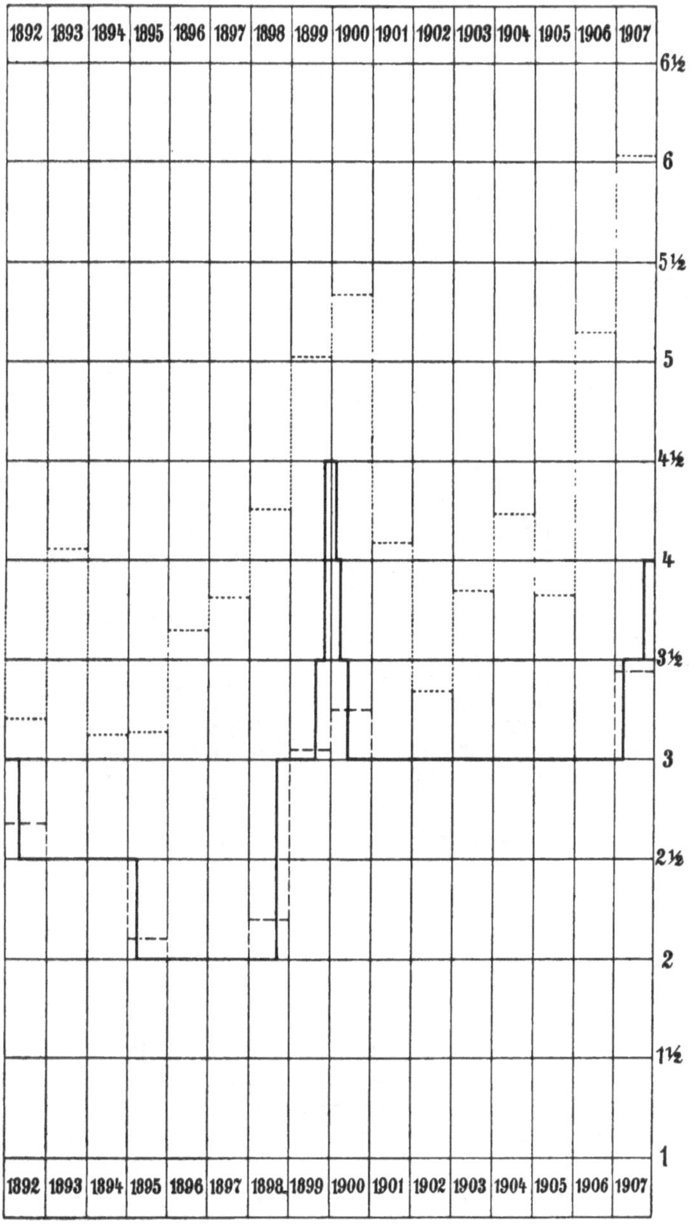

Légende. variations réelles du taux de l'escompte de la Banque de France.
moyenne annuelle du taux de l'escompte de la Banque de France.
„ „ „ „ „ „ „ „ Reichsbank.

b) Tableau de l'escompte à la Banque de France et à la Reichsbank.

Années	Montant de l'escompte (en millions) B.deF. fr.	R B. Mk.	Nombre d'effets escomptés (en milliers) B.deF.	R B.[1]	Taux de l'escompte — France — Taux réels %	Moyenne annuelle %	Allemagne — Taux réels %	Moyenne annuelle %
1876	7397	4141	6393	2564	4-3	3,40	5-6-5-4-3½-4-4½	4,16
1877	7569	3842	7002	2512	3-2	2,26	4½-4-5-4-5-5½-5-4½	4,42
1878	7603	3396	7274	2367	2-3	2,20	4½-4-5-4½	4,34
1879	7261	3409	8071	2375	3-2-3	2,57	4½-4-3-4-4½-4	3,70
1880	8697	3542	9185	2319	3-2½-3½	2,92	4-5-5½-5-4½-4	4,24
1881	11374	3719	10494	2308	3½-4-5	3,84	4-5-5½-5	4,42
1882	11322	4043	11049	2387	5-4½-4-3½	4,05	5-6-5-4½-4-5	4,54
1883	10827	3846	11602	2293	3½-3	3,07	5-4	4,047
1884	10385	3824	11801	2231	3	3,00	4	4,00
1885	9250	3637	11660	2190	3	3,00	4-5-4½-4	4,118
1886	8303	3664	10477	2188	3	3,00	4-3½-3-3½-4-5	3,279
1887	8269	4020	11579	2387	3	3,00	5-4-3	3,408
1888	8686	3973	11958	2477	3-2-3½-4½	3,06	3-4-4½	3,324
1889	9180	4698	12368	2786	4½-4-3½-3	3,08	4½-4-3-4-5	3,676
1890	9609	5489	12580	3152	3	3,00	5-4-5-5½	4,517
1891	9969	5492	13277	3321	3	3,00	5½-4-3½-3-4	3,776
1892	8416	4894	13089	3129	3-2½	2,69	4-3-4	3,203
1893	8922	5427	13294	3309	2½	2,5	4-3-4-5	4,069
1894	8725	4783	13409	3152	2½	2,5	5-4-3	3,117
1895	8622	5220	13382	3215	2½-2	2,10	3-4	3,139
1896	9925	6289	14199	3600	2	2,00	4-3-4-5	3,656
1897	10365	6661	14682	3839	2	2,00	5-4-3½-3-4-5	3 806
1898	11032	7364	15301	4112	23	2,20	5-4-3-4-5-5½-6	4,267
1899	11746	8306	16172	4278	3-3½-4½	3,05	6-5-4½-4-4½-5-6-7	5,036
1900	12248	8764	16785	4437	4½-4-3½-3	3,24	7-6-5½-5	5,333
1901	9936	8749	16867	4538	3	3,00	5-4½-4-3½-4	4,099
1902	9556	7618	17454	4388	3	3,00	4-3½-3-4	3,321
1903	11685	8739	18436	4653	3	3,00	4-3½-4	3,837
1904	10834	8554	19115	4690	3	3,00	4-5	4,222
1905	10968	9176	19150	4782	3	3,00	5-4-3½-3-4-5-5½-6	3,817
1906	13981	10506	20465	5085	3	3,00	6-5-4½-5-6-7	5,149
1907	15769	12150	21541	5432	3-3½-4	3,46	7-6-5½-6½-7½	6,033

[1]) Nous n'avons pas tenu compte, dans les chiffres de la Reichsbank, des effets qui ne lui sont remis qu'à l'encaissement et non à l'escompte: «Auftragspapiere zur Einziehung»

en 1876, par exemple, 13.869 effets pour 10.048.511 marks,
„ 1907, 132.605 „ „ 165.241.335 „ .

La Banque de France, qui indique les effets remis à l'encaisse-

Il résulte de ce tableau et du diagramme précédent:

1°) que le taux de l'escompte est constamment plus modéré en France qu'en Allemagne;[1]

2°) qu'il y est aussi beaucoup plus stable;

3°) que le taux français n'est d'ailleurs nullement fixe;

4°) que l'écart entre les deux taux a surtout augmenté dans les deux dernières années (1906-1907);

5°) que les opérations d'escompte suivent une marche ascendante plus rapide à la Reichsbank qu'à la Banque de France, ce que confirme également la situation du portefeuille des deux Banques depuis 1876 jusqu'à nos jours[2]);

6°) que le nombre d'effets escomptés, par contre, croît beaucoup plus rapidement à la Banque de France qu'à la Reichsbank, ce qui correspond à une diminution de la valeur moyenne des effets du portefeuille à la Banque de France, la situation, sous ce rapport, se modifiant plutôt en sens contraire à la Reichsbank[3]).

La politique et l'organisation des deux grandes Banques est pour beaucoup dans cet état de choses si différent pour deux pays voisins.

Toutefois il ne faut pas perdre de vue que leurs champs d'activité ne sont pas analogues.

La balance du commerce de l'Allemagne a été, en 1906:

(Millions de marks)

Importation	Exportation	Excédent des importations
8021	6359	1662

---

ment sous la rubrique «Effets au comptant», a encaissé en 1907 2.914.980 effets pour 555.997.200 francs.

[1]) Voir aux annexes (tableau L), la différence des taux moyens.

[2]) Voir pages 84 et 85.

[3]) Voir p. 87, le tableau de la valeur moyenne des effets escomptés.

Celle de la France, la même année:

(Millions de francs)

5229	5043	186

C'est un fait connu que la balance des importations et exportations des marchandises est défavorable dans presque tous les pays prospères. Les exportations constituent bien une créance nationale, mais pas la seule. Dans le cas qui nous occupe, les intérêts des capitaux placés à l'étranger et les dépenses faites dans le pays par les étrangers jouent, notamment, un rôle considérable. La France a, semble-t-il, plus de placements étrangers que l'Allemagne; Paris et Nice lui attirent beaucoup de fonds de provenance extérieure[1]). Enfin, le surplus des exportations sur les importations était, en 1906, environ 10 fois inférieur au surplus correspondant du commerce allemand.

La France plus que l'Allemagne se trouve avoir un surplus de créances sur l'étranger, ce qui contribue à rendre l'argent plus abondant, donc moins cher, sur le marché de Paris que sur celui de Berlin.

La situation économique d'un pays n'est d'ailleurs pas seulement dépendante de la balance internationale[2]), même de la balance des comptes. Elle l'est aussi du marché intérieur. Or, tandis qu'en France, les dernières années se caractérisèrent par un calme relatif des affaires, l'industrie et le commerce allemands continuèrent à se développer vigoureusement. La fin de l'année 1907 amena un ralentissement de cet élan. L'argent n'était plus assez abondant pour satisfaire aux énormes

---

[1]) Les villes d'eaux allemandes et la contrée du Rhin exercent plutôt leur attraction sur les nationaux.

[2]) La balance monétaire ou balance des comptes, résultant de l'opposition de toutes les dettes à toutes les créances d'un pays envers les autres, ne doit pas être confondue avec la balance du commerce dont nous venons de parler.

demandes des industriels et des commerçants dont les plaintes allèrent croissant. Le resserrement monétaire entraîna une élévation exorbitante de l'escompte. Beaucoup d'usines qui cherchaient du crédit pour forcer leur production, reculèrent devant les conditions onéreuses qu'on exigeait d'elles. Une certaine détente se produisit donc, l'escompte descendit quelque peu, l'argent se fit un peu moins rare mais, en dépit de ce relâchement, au début de 1908, le taux à Berlin était encore de $7^1/_2\,^0/_0$ contre $4\,^0/_0$ à Paris.

On a invoqué, comme ayant aggravé la situation du marché de l'argent en Allemagne, deux faits importants, la crise américaine et l'insuffisance de la production agricole intérieure.

L'influence néfaste de la crise financière aux Etats-Unis se fit sentir dans tous les pays riches d'Europe. Les demandes d'or s'adressèrent inévitablement aux trois grandes Banques d'Angleterre, de France et d'Allemagne. De ces trois Banques, la Banque de France avait, de beaucoup, l'encaisse or la plus considérable. Cependant Londres, ainsi qu'il en est toujours en pareille circonstance, subit le premier choc et se défendit en élevant le taux de l'escompte. Les Banques d'Allemagne. et de France durent, dans la même intention, suivre cet exemple. Elles le firent cependant dans des proportions bien différentes, ainsi que nous l'avons montré précédement.

Dans quelle mesure les deux établissements atteignirent-ils le but proposé: protéger l'encaisse or? Voici les chiffres empruntés aux rapports officiels[1]).

---

[1]) Compte rendu de la Banque de France, 1907, p. 16.
«Verwaltungsbericht der Reichsbank» de 1906 p. 7 et de 1907 p. 7.

Composition de l'encaisse fin 1906 et fin 1907.

Dates	Banque de France			Dates	Reichsbank		
	Or	Argent	Total		Or	Argent	Total
29 XII 06	2.671,9	993,5	3.665,4	31 XII 06	481,3	183,6	665
31 XII 07	2.676,1	917,6	3.593,7	31 XII 07	497,5	206,6	704,1
	+ 4,2	— 75,9	— 71,7		+ 16,2	+ 23	+ 39,1

Si l'on considère que la diminution de l'encaisse à la Banque de France porte entièrement sur le métal argent et qu'il y a augmentation, quoique faible, de l'encaisse or, il y a plutôt amélioration de la situation générale, car une fuite de 71 millions n'est guère une perte sensible pour une réserve métallique aussi forte. Il convient de mentionner en outre que, le 5 novembre 1907, la Banque de France, par l'entremise de la maison Rothschild de Paris, a fourni 75 millions de francs en or à la Banque d'Angleterre. Cette avance de fonds valable pour 3 mois, n'était probablement pas remboursée le 31 décembre 1907. En la faisant entrer en ligne de compte on voit que l'encaisse or de la Banque de France s'est accrue, du 29 décembre 1906 au 31 décembre 1907, de 4,2 et 75 millions de francs, soit près de 80 millions contre une augmentation de 20 millions de francs environ (16,2 millions de marks) à la Reichsbank.

L'augmentation de l'encaisse à la Reichsbank est, en grande partie, due à l'accroissement des réserves argent.

La Banque de France a donc, mieux que la Reichsbank, protégé son encaisse or contre l'influence de la crise américaine. Quant à l'insuffisance de la production agricole en Allemagne en 1907, ne convient-il pas de signaler comme événement parallèle la situation peu brillante du commerce vinicole en France. On n'a pas oublié les troubles du Midi, dus, en grande part, à la mévente des vins.

Nous nous bornons ici à considérer les facteurs qui ont pu influer indirectement sur le taux de l'escompte, sans pouvoir malheureusement déterminer de façon bien précise leur action plus ou moins intense dans chacun des deux pays. Mais les facteurs tels que le rendement défavorable de la récolte et une crise étrangère sont des faits passagers, accidentels et la modicité du taux français a un caractère constant.

La tension monétaire en Allemagne y fait encore couler beaucoup d'encre. Nombreux sont ceux qui cherchent à y trouver un remède. On cite à tout propos la situation enviable, sous ce rapport, de la France mais on ajoute presque toujours, ainsi que l'a fait M. Helfferich[1]) «que la richesse de la France et le calme de son industrie d'une part, la pauvreté relative de l'Allemagne et son puissant essor économique d'autre part rendent compréhensible l'écart entre les taux allemand et français».

Il y a du vrai dans cette argumentation mais, tout en tenant compte des avantages qui, pour la France, résultent d'une balance monétaire plus favorable, grâce surtout aux placements à l'étranger, et d'une demande moins active de capitaux à l'intérieur, il faut reconnaître que ces deux facteurs ne suffisent pas à expliquer un tel contraste.

Admettons, ce qui n'est pas irréfutablement prouvé, que l'Allemagne soit moins riche que la France, que l'accroissement rapide de la population de l'Empire occasionne au pays des dépenses de plus en plus fortes[2]), que la France, très

---

[1]) Karl Helfferich. Die Reform des deutschen Geldwesens nach der Gründung des Reiches. Leipzig 1898. II. p. 501.

[2]) Dépenses pour l'instruction publique, les retraites ouvrières, les mesures d'hygiène dans les grandes villes, le service militaire, l'organisation administrative et judiciaire, la bienfaisance publique, les hôpitaux, etc.

économe, soit plutôt un Etat rentier et ait moins cet esprit d'entreprise qui développe l'industrie mais exige de grands sacrifices financiers. Mais d'abord, la France n'a pas toujours été heureuse dans ses prêts aux pays étrangers tandis que l'Allemagne ne s'est jamais engagée qu'avec une grande prudence dans cette voie.

Et puis, si tels sont uniquement les motifs qui portent l'escompte à des hauteurs ruineuses dans l'Empire, comment s'expliquer que la situation de l'Angleterre soit, sous ce rapport, assez analogue à celle de l'Allemagne? L'Angleterre est cependant sans conteste le pays le plus riche du monde entier, c'est le pays rentier par excellence; son industrie, quoique florissante, ne subit plus l'élan vigoureux qui caractérise l'industrie allemande. D'autre part, tous deux, l'Allemagne comme l'Angleterre, se trouvent strictement sous le régime du monométallisme or.

L'Angleterre imposant à sa Banque la loi de 1844[1]), la met trop à la merci des circonstances et l'expose à une politique quelque peu incohérente; une demande d'or plus ou moins considérable la force à élever sans délai son taux d'escompte.

L'Allemagne, nous l'avons vu, a adopté, pour sa Reichsbank, une organisation de l'émission qui tient le milieu entre les systèmes anglais et français. Dans la réglementation de la Banque, dans la façon de s'y conformer et aussi dans l'organisation monétaire du pays doivent donc se trouver en partie les causes qui obligent la Reichsbank à imposer des conditions ruineuses aux commerçants et aux industriels en quête d'argent.

Recherchons quelles sont ces causes et, à cette fin, examinons puis apprécions les effets des dispositions légales et

[1]) Voir précédemment p. 25 la loi de 1844.

des statuts de chacune des deux banques ainsi que des mesures prises par leur administration et se rapportant à l'émission et à l'escompte.

Notre étude portera sur

a) la 3e signature à la Banque de France;

b) le système des taux différentiels de la Reichsbank;

c) l'encaisse et la circulation des deux Banques;

d) les conséquences du monométallisme pour la Reichsbank et du bimétallisme pour la Banque de France;

e) les moyens d'atténuer une élévation du taux de l'escompte;

f) la limitation de l'émission;

g) la domination que les deux Banques exercent sur le marché privé;

h) les comptes-courants;

i) les avances de fonds;

j) les résultats généraux obtenus par les deux Banques.

VIII. La troisième signature exigée à la Banque de France et les taux d'escompte différentiels pratiqués par la Reichsbank.

Pourquoi les effets présentés à l'escompte à la Banque de France doivent-ils être revêtus de trois signatures?

Une seule signature, celle du tireur de la traite, serait une garantie en général insuffisante. Personne ne le contestera. La deuxième signature, provenant de l'acceptation, est, sauf le cas d'effets de complaisance, la preuve que le tirage a pour base une transaction réelle.

La troisième signature, considérée par beaucoup comme

vexatoire, est une garantie supplémentaire permettant à la Banque d'exercer, si le tiré ne paye pas, plusieurs recours au lieu d'un seul. Elle fournit à l'escompteur une quasi-certitude morale quant au règlement final de l'effet qu'il achète car elle fait supposer, avec raison, que l'endosseur s'est assuré de la valeur de cet effet avant de le signer, c'est-à-dire avant de répondre de sa bonne fin.

Il faut attribuer à cette exigence l'habitude du réescompte se substituant souvent à l'escompte et qui fait de la Banque de France le banquier des banquiers. Elle transforme de plus en plus son caractère de banque d'escompte en simple banque d'encaissement. Le public possédant des effets avec deux signatures seulement est obligé de les négocier à une banque privée qui elle, se contente de deux signatures. Souvent la banque privée, pour éviter les formalités d'encaissement à l'échéance, confie, plus tard[1]), le recouvrement de ses effets à la Banque de France mieux outillée pour accomplir cette opération. La Banque de France est une banque d'escompte et, plus que la Reichsbank, une institution de réescompte et d'encaissement.

L'obligation de la 3e signature provoque donc une tendance à éviter l'escompte direct à la Banque de France. Ceci est surtout vrai du papier de premier choix. Les grands établissements privés de crédit escomptent souvent à meilleur marché que la Banque de France qui joint à l'exigence de la troisième signature l'uniformité absolue de son taux d'escompte. Ils attirent à eux les gros effets, surtout les effets négociables[2]).

[1]) La Banque de France comme la Reichsbank tient compte dans le calcul de l'escompte d'un minimum de jours, appelés en Allemagne «Banktage» jours de banque.

Jours de banque à la Reichsbank, voir p. 57.
" " " " " Banque de France, voir p. 53.

[2]) Sont appelés négociables en France les effets de 3000 francs

Pour voir s'il est vrai que la Banque de France ait dans les grandes sociétés de crédit des concurrents redoutables qui lui disputent l'escompte quantitativement et qualitativement[1]), examinons: A) la statistique du portefeuille des principales banques françaises;

B) la statistique des échéances moyennes et de la valeur moyenne des effets du portefeuille à la Banque de France;

C) la statistique des effets escomptés inférieurs à 101 francs.

Dans chaque cas, nous comparerons, autant que faire se peut, les chiffres obtenus aux résultats correspondants pour l'Allemagne.

A) Voici quelques chiffres sur le développement du portefeuille des banques françaises:

---

au moins ayant au minimum 30 jours à courir. Les effets bancables sont ceux qui remplissent toutes les conditions d'admissibilité à l'escompte par la Banque de France. Il en résulte que si les effets bancables ne sont pas toujours «négociables», il arrive souvent que le papier négociable, si bon qu'il soit, ne soit pas bancable, la troisième signature lui manquant.

Voici, d'après M. Lepeltier, dans son livre «Le portefeuille» les diverses catégories de papier négociable:

1°) Haute-Banque ou première banque, c'est-à-dire les acceptations d'un nombre fort restreint de banquiers très réputés, par exemple celles de la maison de Rothschild frères.

2°) Papier de banque ou deuxième banque, comprenant d'abord sous le nom de première seconde banque les acceptations des grands établissements de crédit, tels que le Crédit Lyonnais.

3°) Le Paris, effets payables ou domiciliés à Paris et revêtus d'une acceptation du haut commerce ou d'une banque moyenne.

4°) Le Province, c'est-à-dire les acceptations de bonnes maisons payables dans une place bancable autre que Paris.

[1]) Dans le cas présent, la qualité d'un effet est déterminée par la valeur des signatures, par la somme et par l'échéance plus ou moins reculée. On vient de voir que le papier négociable porte des signatures de tout repos, est émis pour 3000 francs au moins et a, au bas mot, 30 jours encore à courir au moment de l'escompte.

Portefeuilles au 31 décembre des quatre grandes sociétés de crédit de Paris comparés au portefeuille moyen de la Banque de France.

(Millions de francs)

Années	Crédit Lyonnais	Comptoir national d'escompte	Société générale	Crédit industriel et commercial	Total des 4 Sociétés	Banque de France[1])
1881	178	111	98	64	451	1167
1882	131	98	115	68	412	1151
1883	187	102	111	70	470	1028
1884	164	87	109	91	451	997
1885	228	129	118	83	558	784
1886	244	100	116	80	544	621
1887	265	94	125	78	562	578
1888	324	121	156	94	695	621
1889	412	98	131	87	728	714
1890	460	140	134	88	822	670
1891	544	117	134	79	874	761
1892	503	148	121	74	846	550
1893	527	153	120	62	862	579
1894	585	172	141	63	961	565
1895	522	220	137	56	935	544
1896	552	238	184	66	1040	693
1897	570	267	219	57	1113	730
1898	613	308	226	51	1198	798
1899	626	304	283	55	1268	828
1900	759	334	304	63	1460	875
1901	859	362	320	70	1611	592
1902	801	390	375	79	1645	546
1903	836	407	429	67	1739	688
1904	1025	504	493	87	2109	700
1905	1030	547	416	102	2095	640
1906	1137	652	569	130	2488	898
1907	1094	633	531	116	2374	1126

Alors qu'en 1881 le portefeuille de la Banque de France valait presque 3 fois celui des quatre grandes sociétés réunies, il n'en vaut plus même la moitié en 1907, et en dépasse à peine le tiers en 1906. Tout commentaire serait superflu.

En outre, en prenant les chiffres de 1881 comme unités,

[1]) Pour la Banque de France nous indiquons la moyenne annuelle du portefeuille, les Comptes-rendus ne mentionnant pas la situation au 31 décembre.

nous voyons que depuis cette année les modifications du portefeuille ont été de:

Crédit Lyonnais	Compt. nat. d'escompte	Soc. gén.	Créd. ind. et commercial	Total des soc.	B. de Fr.
En 1881 178 = 100	111 = 100	98 = 100	64 = 100	451 = 100	1167 = 100
En 1906[1]) 1137 = **638**	652 = **587**	569 = **580**	130 = **203**	2488 = **551**	898 = **76**

Voici les chiffres correspondants que nous avons pu nous procurer par rapport à l'Allemagne:

Portefeuilles des grandes banques berlinoises et de la Reichsbank au 31 décembre de chaque année.

(Millions de marks)

Année	Deutsche Bank	Dresdner Bank	Diskonto-Gesellschaft	Darmstädter Bank	Berliner Handelsges.	National-bank für Deutschland	Total des 6 banques	Reichsbank
1860	—	—	12	1	1	—	14	—
1865	—	—	11	3	0,9	—	14,9	—
1870	1,9	—	17	3	1	—	22,9	—
1875	30	5	22	14	9	—	80	444 (1876)
1880	37	4	37	7	8	—	93	376
1885	72	21	89	14	20	7	223	434
1890	126	33	67	17	22	18	283	609
1898	223	89	89	17	47	37	492	837
1899	236	122	80	20	50	36	544	1051
1900	300	150	101	26	52	45	674	1013
1901	345	109	104	28	56	33	675	955
1902	334	115	135	42	58	33	717	974
1903	343	116	125	46	61	36	727	1095
1904	423	161	141	69	67	41	902	966
1905	461	177	152	95	69	57	1011	1175
1906	540	243	176	108	75	65	1207	1277
1907	631	218	154	117	—	66	—	1470

Nous avons emprunté ces chiffres aux rapports officiels de ces diverses banques.

Ces résultats comparés à ceux du tableau précédent montrent d'une manière péremptoire que la Reichsbank se défend

[1]) Nous faisons intentionnellement abstraction des chiffres de 1907, année de crise.

beaucoup mieux que la Banque de France contre les grands établissements de crédit.

La stagnation presque continue du portefeuille de la Banque de France fait ici place à un accroissement rapide du portefeuille de la Reichsbank. Constatons aussi que les portefeuilles réunis des grands établissements de crédit à Paris dépassent sensiblement ceux des sociétés berlinoises.

Toutes ces différences s'expliquent en grande partie, comme nous le verrons plus loin, par la politique qui, dans chacune des deux banques, régit l'escompte et qui peut se résumer comme suit:

la 3e signature est facultative et les taux sont différentiels' ou bien

la 3e signature est de rigueur et le taux est uniforme.

B) Les effets négociables évitant dans une certaine mesure l'escompte à la Banque de France et ces effets ayant tous une durée minimum de 30 jours à courir au moment de l'escompte, on conçoit que la moyenne de valeur de même que la moyenne des échéances des effets escomptés par cette banque aient une tendance à diminuer. Voyons s'il en est ainsi, et, le cas échéant, si la situation est la même à la Reichsbank.

(Voir le tableau ci-contre, p. 87.)

La diminution sensible quoique faible de la moyenne des échéances à la Banque de France fait ressortir l'empiétement du réescompte sur l'escompte simple.

On voit que cette même moyenne pour les effets de place à place est beaucoup plus élevée à la Reichsbank.

Quant à la moyenne de la valeur des effets à la Banque de France, elle a considérablement baissé.

Cette même moyenne suit, à la Reichsbank, une progression irrégulière, suffisante toutefois pour en conclure que la Reichsbank, à l'encontre de ce que fait la Banque de France,

Années	Banque de France		Reichsbank			
	Moyennes par effet en francs	Moyennes des échéances en jours [1])	Moyennes des effets en marks [2])		Moyennes des échéances en jours [2])	
			Platzwechsel (Diskontowechsel)	Wechsel aufs Inland	Platzwechsel (Diskontowechsel)	Wechsel aufs Inland
1830	2246	57	—	—	—	—
1835	1549	65	—	—	—	—
1845	1155	47	—	—	—	—
1850	990	35	—	—	—	—
1870	1413	39	—	—	—	—
1875	786	49	—	—	—	—
1876	—	44	2085	1486	57	27
1885 [3])	793	31.86	2358	1424	52	30
1890	757	26.50	2383	1512	50	27
1895	644	25.—	2391	1335	55	30
1900	729	26.96	2500	1704	49	23
1901	588	21.47	2481	1659	52	23
1902	547	21.—	2361	1426	55	23
1903	633	21.88	2481	1574	52	23
1904	566	23.61	2405	1527	52	22
1905	573	20.92	2568	1568	53	22
1906	683	24.03	2755	1689	51	20
1907	732	26.06	3009	1845	49	20

augmente surtout ses relations avec les maisons d'une certaine importance et s'adresse plutôt à elles qu'au petit commerce.

---

[1]) Nous avons obtenu les moyennes en jours, de 1830 à 1876 inclus, en multipliant le portefeuille moyen par 365 et en divisant ce produit par le mouvement annuel de l'escompte, ainsi que le fait le Bureau des Etudes économiques de la Banque de France. Les autres résultats sont empruntés aux rapports officiels et en partie à l'ouvrage de M. P. Loubet, page 75. Il convient de dire que certaines années (1830 par exemple) furent troublées par des événements politiques qui bouleversèrent la marche normale des opérations de la Banque de France.

[2]) Les rapports de la Reichsbank n'indiquent pas de moyennes pour l'ensemble des effets du portefeuille; ils distinguent toujours entre effets sur place, effets de place à place, effets sur l'étranger.

[3]) Jusqu'en 1879, le portefeuille de la Banque de France contenait des bons du trésor (61.000.000 fr. en 1878). La moyenne des effets est donc en réalité quelque peu inférieure aux chiffres indiqués, pour les années antérieures à 1879.

C) Le nombre des effets de moins de 101 francs escomptés à Paris par la Banque de France formait, en 1907, 48 % du nombre des effets entrés pendant la même année dans le portefeuille de la Banque à Paris. Ce nombre est allé sans cesse croissant, absolument et même proportionnellement, comme le montre le tableau suivant, établi d'après les chiffres des Comptes rendus officiels de la Banque.

Nombre d'effets escomptés par la Banque de France.

Années	Effets inférieurs à 101 francs escomptés à Paris seulement. Milliers.	Total des effets escomptés à Paris. Milliers	Total des effets escomptés à Paris et dans les succursales. Milliers.
1880	1023	4436	9185
1885	1590	5018	11660
1890	1943	5673	12583
1895	1866	5593	13382
1900	2328	6029	16784
1901	2679	6128	16866
1902	2694	6263	17454
1903	2901	6548	18435
1904	3175	6883	19115
1905	3280	7018	19149
1906	3514	7348	20464
1907	3646	7503	21540

L'accroissement continu du nombre des effets inférieurs à 101 francs nous amène à supposer que la Banque de France devient de plus en plus accessible au petit commerçant. Il est vrai que c'est lui qui, en raison de son peu de crédit, est le moins sollicité par les banquiers escompteurs, concurrents de la Banque de France. Il ne nous est malheureusement pas possible de déterminer, même approximativement, la proportion des petits effets que la Banque a admis dans son portefeuille par le réescompte.

Pour permettre de comparer, voici, quant à la Reichsbank, les nombres indiqués dans ses rapports au sujet des effets inférieurs à 101 marks.

Nombre d'effets tirés sur l'Allemagne et escomptés à la Reichsbank.

Années	Effets sur place		Effets de place à place.		Nombre total des effets inférieurs à 101 M.
	Nombre total Milliers.	Nombre d'effets inférieurs à 101 M. Milliers.	Nombre total Milliers.	Nombre d'effets inférieurs à 101 M. Milliers.	Milliers.
1880	491	pas indiqué	1821	pas indiqué	—
1885	486	» »	1693	» »	—
1890	775	29	2366	244	273
1895	845	45	2355	313	358
1900	1288	58	3128	394	452
1901	1320	63	3194	423	486
1902	1299	72	3064	478	550
1903	1410	82	3216	508	590
1904	1427	86	3237	523	609
1905	1500	89	3249	523	612
1906	1582	91	3464	546	637
1907	1661	90	3732	573	663

Les rapports de la Reichsbank indiquent ces chiffres pour les effets sur place ou de place à place. Le restant du portefeuille ne vient pas en ligne de compte. Il comprend en effet les traites sur l'étranger, en 1907, 39.483 effets seulement pour 268.634.800 marks et est formé de tous effets supérieurs à 100 marks.

Les effets étrangers ne modifieraient donc pas le résultat absolu et réduiraient le chiffre relatif à la proportion de $\frac{663}{3732+1661.39}=\frac{663}{5432}$ ou 12 %. La même constatation nous donne pour le portefeuille de Paris 48 %, soit 4 fois plus.

En tenant compte que le chiffre des petits effets de la Banque de France n'a trait qu'au portefeuille de Paris si l'on considère qu'il s'agit, en Allemagne, d'un maximum de 125 francs environ au lieu de 100 francs, le tableau comparatif suivant n'en sera que plus frappant:

Années	Banque de France. Effets inférieurs à 101 francs à Paris. Milliers.	Reichsbank Effets inférieurs à 101 marks Milliers.
1880	1023	pas indiqué
1885	1590	» »
1890	1943	273
1895	1866	358
1900	2328	452
1901	2679	486
1902	2694	550
1903	2901	590
1904	3175	609
1905	3280	612
1906	3514	637
1907	3646 ou 48 % du nombre total (Paris)	663 ou 12 % du nombre total

Abstraction faite de la situation économique des deux pays, les multiples différences, parfois tout à fait caractéristiques, que nous venons de constater résultent certainement de l'imposition de la 3e signature et du maintien d'un taux unique d'escompte à la Banque de France. L'absence de ces exigences assurent à la Reichsbank, ainsi que l'établissent les tableaux précédents, un portefeuille beaucoup mieux fourni en effets négociables.

D'une part donc, le petit commerce allemand devrait recourir beaucoup plus aux services de la Reichsbank, mais, d'autre part, la Banque de France aurait tout intérêt à attirer dans son portefeuille plus de beau papier et à l'y garder pendant un temps plus long. On comprend donc que la «troisième signature» ait été vivement attaquée.

Cette troisième signature, a-t-on dit, est «de toutes les combinaisons financières la plus étrange en même temps que la plus habile que l'on puisse imaginer: c'est une trouvaille merveilleuse qui préserve les capitalistes actionnaires de la Banque de tout risque, si minime soit-il, et en même temps assure la vie à tout un monde de banquiers et d'escompteurs[1]).» On a même insinué que les membres du Conseil de régence de la Banque avaient intérêt à exiger cette troisième signature parce qu'ils étaient banquiers et tiraient profit de cette obligation.

M. Ribot a répondu à cette accusation de partialité en disant que «la proportion des effets présentés à la Banque par les membres du Conseil de régence n'était sur la totalité des escomptes, que de 1,45 % [2]).» Sur un escompte de 9924 millions de francs en 1896, les membres du Conseil de régence seraient donc intervenus environ pour 143 millions qu'ils auraient réescomptés à la Banque. C'est là une somme respectable mais, selon nous, ce qu'il conviendrait de faire valoir avant tout, c'est que si le 3e signature était rendue facultative, la situation ne changerait guère tant que l'uniformité du taux serait maintenne.

En réalité, l'exemple de la Reichsbank et aussi celui de la Banque d'Angleterre nous prouvent que rien ne s'oppose à ce que, en principe, une banque d'émission pratique l'escompte des effets à deux signatures, mais ces deux Banques appliquent aussi des taux différentiels à leurs clients.

Il est vrai que les risques d'insolvabilité sont réduits presque à rien[3]) mais ce n'est pas dû exclusivement à la troisième signature et le même résultat ou à peu près serait probablement atteint avec deux signatures ainsi que semblent l'établir

---

[1]) La Banque de France par Albert Delettre, Paris. Guillaumin & Cie. 1897.

[2]) M. Ribot, Discours tenu à la Chambre des Députés, séance du 31 mai 1897.

[3]) Le montant des effets en souffrance de la Banque de France s'est accru en 1905 de 704.717 francs; en 1906 de 3.377.738 francs; en 1907 de 2.583.849 francs; c'est-à-dire en 1905, 0,006 %, en 1906, 0,024 % et en 1907, 0,016 % du total de l'escompte.

les chiffres ci-dessous, calculés d'après les rapports de la Reichsbank[1]).

Les deux signatures n'ont donc rien d'inquiétant quant à la qualité du portefeuille; au contraire, car les gros effets à deux bonnes signatures trouveraient accès à la Banque. Mais il est bon de répéter qu'elles seraient à peu près inefficaces si la Banque ne se déterminait pas en même temps à adopter deux taux applicables selon la valeur intrinsèque du papier présenté à l'escompte. Sans cette double mesure, la concurrence des sociétés privées ne diminuerait guère. Le beau papier s'adresse à elles non seulement parce qu'elles n'exigent que deux signatures mais aussi et surtout parce qu'elles lui appliquent un taux inférieur au taux officiel, le seul praticable par la Banque de France.

Pour lutter avec plus de succès contre ces sociétés, la Banque de France devrait donc d'abord renoncer à la clause des 3 signatures et, en même temps, soit sacrifier l'uniformité de son taux, soit ramener son taux au niveau de l'escompte privé.

Cette dernière solution sauvegarderait l'uniformité du taux mais peut-être ne serait-elle pas aussi efficace que la première, rien n'obligeant les établissements privés à s'en tenir, comme minimum, au taux du marché libre.

Quant à la première solution, elle profiterait surtout aux maisons avantageusement connues qui obtiendraient nécessairement le plus bas des deux taux. Le petit commerce devrait donc subir des conditions plus rigoureuses que les autres clients. Aussi, par esprit d'équité, l'administration de la Banque semble-

---

[1]) Le montant des effets et avances en souffrance de la Reichsbank a augmenté en 1905, de 432.923 marks; en 1906, de 282.150 marks; en 1907, de 4.650.471 marks, c'est-à-dire en 1905, 0,004 %, en 1906, 0,002 % et en 1907, 0,030 % du total de l'escompte.

t-elle repousser tout changement de sa politique sous ce rapport.

Mais si l'on envisage la situation au point de vue général, c'est-à-dire en tenant compte des concurrents de la Banque, on s'aperçoit qu'en fait l'injustice serait plus apparente que réelle, puisque ceux qui profiteraient de cette réforme jouissent déjà à présent d'un avantage analogue auprès des sociétés de crédit.

La situation quant à la Reichsbank est tout autre. Nous avons vu que l'application de taux différentiels en Allemagne est limitée par la loi, qui la subordonne à un taux d'escompte inférieur à 4 %. Nous avons fait observer à cette occasion que cette même loi[1]) était plutôt une mesure en faveur de la Reichsbank qu'elle défend contre la concurrence effrénée des autres banques d'émission. Ajoutons qu'elle la protège aussi de cette manière contre les grandes sociétés de crédit et que cette protection lui était plus nécessaire qu'elle ne l'est à la Banque de France.

L'Allemagne, par son organisation politique, n'a pas de centralisation comparable à celle de la France. Dans ce dernier pays, tout se règle d'après le marché parisien. La Reichsbank à Berlin est obligée, surtout lorsqu'il y a pléthore d'argent, de tenir compte des diverses grandes places de l'Empire: Hambourg, Francfort-sur-le-Mein, Leipzig, Munich, Dresde, Breslau, Cologne. L'offre et la demande de capitaux et d'effets pour pratiquer l'escompte ne sont donc pas partout les mêmes. On comprend très bien que le taux privé soit plus bas à Cologne qu'à Königsberg ou à Posen.

La Reichsbank risquerait beaucoup de ne réaliser qu'un chiffre d'affaires insuffisant là où, ne pouvant déroger à son

---

[1]) Voir p. 56.

taux officiel, elle serait contrainte d'escompter à un taux en disproportion excessive avec le taux du marché libre.

M. Helfferich[1]) justifie d'une autre façon le recours de la Reichsbank à l'escompte privé. Selon lui, la Reichsbank qui tentait d'acquérir un certain contrôle sur les banques d'émission privées, les voyait avec mécontement perdre de vue leurs devoirs de banque de circulation et se laisser guider uniquement par des principes nettement mercantiles. Elles ne cherchaient qu'à utiliser d'une façon productive le plus de billets possible, à attirer à elles par tous les moyens un très grand nombre d'effets. Elles offraient donc l'escompte à un taux réduit. Cette manière d'agir était d'autant plus désagréable à la Reichsbank que, les premières années de son fonctionnement, le développement considérable de ses opérations en compte-courant lui amena des sommes importantes dont le placement se faisait de plus en plus difficile, par suite de la concurrence privée.

Il est certain qu'avant 1880, année où elle recourut pour la première fois à un taux privé, le portefeuille tendait à diminuer alors que les sommes qu'elle recevait en compte courant augmentaient d'une façon presque constante. Laissons parler les chiffres:

Années	Montant de l'escompte (Millions de marks)	Nombre d'effets escomptés (Milliers)	Comptes-courants Soldes créditeurs (Moyenne annuelle) (marks)
1876	4140	2564	70.594.600
1877	3842	2512	99.070.000
1878	3396	2367	109.999.000
1879	3409	2374	128.796.000
1880	3542	2320	124.993.000

[1]) Karl Helfferich Zur Erneuerung des deutschen Bankgesetzes. Leipzig 1899. p. 23.

En dépit donc du reproche qu'on pourrait lui faire d'avoir introduit un traitement de faveur au détriment de la généralité des commerçants, la Reichsbank a été contrainte à agir de la sorte, d'une part par les conditions des marchés locaux, d'autre part aussi par une concurrence acharnée, quelquefois même peu loyale.

A notre avis, la pratique des deux taux n'a rien que de très logique. D'abord, ainsi que nous l'avons dit à propos de la Banque de France, l'injustice, s'il y en a une, est indépendante de ce traitement de faveur puisque le marché libre paie et paiera toujours plus cher les bons effets qui présentent moins de risques et constituent un placement de plus longue durée. Ensuite, la Reichsbank qui, à l'origine, à l'exemple de la Bourse et des grandes maisons de banque, exigeait à l'escompte privé du papier de tout premier ordre, a, par la suite, renoncé à cette exigence. Elle accepte donc aussi au taux privé des effets signés par des maisons solides mais de moyenne importance.

Les rapports de la Reichsbank sont muets quant à l'application de l'escompte privé.

Voici les chiffres communiqués à ce sujet par le président de la Banque dans une séance de commission du Reichstag:

Année	Montant total de l'escompte en marks	Montant de l'escompte au taux privé	Rapport de ces deux montants en °/0 du premier	Nombre de jours où le taux privé a été appliqué	Taux officiel moyen
1890	5.425.488.804	296.194.580	5.5	76	4.517
1891	5.413.892.420	—	—	—	3.776
1892	4.825.513.787	(+) 1.055.792.991	(+) 21.9	(+) 339	3.203
1893	5.359.767.807	(—) 756.203.573	(—) 14.1	(—) 200	4.069
1894	4.730.249.244	(+) 1.241.498.918	(+) 26.2	(+) 345	3.117
1895	5.166.332.945	(—) 942.321.044	(—) 18.2	(—) 267	3.139
1896	6.234.371.779	(—) 322.170.379	(—) 5.2	(—) 61	3.656

En 1891 et probablement depuis 1897, la Reichsbank n'a pas pratiqué d'escompte privé.

De 1880, année du premier escompte au taux privé, à 1890, la Reichsbank a appliqué le taux privé pendant:

	Taux officiel moyen		Taux officiel moyen
170 jours en 1880	4.24	288 jours en 1885	4.118
231 „ „ 1881	4.42	348 „ „ 1886	3.279
185 „ „ 1882	4.54	343 „ „ 1887	3.408
340 „ „ 1883	4.047	323 „ „ 1888	3.324
350 „ „ 1884	4.—	273 „ „ 1889	3.676

On voit par la coïncidence des signes + et — au tableau de la page précédente (1890 à 1896) que le montant de l'escompte privé est, chose naturelle, dépendant du nombre de jours à taux différentiels. Au moyen du tableau ci-dessus, on peut donc se faire une idée approximative de l'importance de l'escompte privé de 1880 à 1889. En outre, les chiffres de 1890 à 1896 montrent qu'aux variations du taux moyen officiel correspond un mouvement inverse des totaux de l'escompte privé. Il s'ensuit que le relèvement du taux officiel tend à restreindre l'escompte privé à la Reichsbank.

Ce principe a été reconnu par la loi du 7 juin 1899.[1])

Etait-ce bien nécessaire? Oui, à en juger par les premières années: de 1880 à 1885 inclus, la Banque a pratiqué l'escompte pendant la majeure partie de l'année, en dépit d'un taux supérieur à $4\,^0/_0$. De 1886 à 1889, le taux moyen n'arrivant pas à $4\,^0/_0$, l'escompte privé est plus justifié, il semble correspondre à un relâchement du marché de l'argent. Enfin, à partir de 1894, bien que la loi de 1899 ne soit entrée en vigueur qu'en 1901, la Banque agit déjà conformément au futur principe de cette loi, ainsi qu'il résulte du tableau suivant:

[1]) Suivant cette loi (v. p. 55) l'escompte privé est défendu à la Reichsbank dès que le taux officiel atteint ou dépasse $4\,^0/_0$.

Année	Date	Taux officiel				Nombre de jours à taux différentiels	Montant de l'escompte privé. marks.
		inférieur à 4 %	Durée en jours	de 4 % au moins	Durée en jours		
1894	1er janvier	—	—	5	35		
	9 „	—	—	4			
	5 février	3	330	—	—	345	1.241.498.918
1895	1er janvier	3	315	—	—	267	942.321.044
	11 novembre	—	—	4	50		
1896	1er janvier	—	—	4	42		
	12 février	3	208	—	—	61	322.170.379
	7 septembre	—	—	4	116		
	10 octobre	—	—	5			
1897	1er janvier	—	—	5	56		
	19 „	—	—	4			
	26 février	3½	192	—	—		
	10 avril	3		—	—	0	—
	1er juillet	3		—	—		
	6 septembre	—	—	4	117		
	11 octobre	—	—	5			
1898	1er janvier	—	—	5	48		
	20 „	—	—	4			
	18 février	3	50	—	—	0	—
	9 avril	—	—	4	267		
	10 octobre	—	—	5			
	9 novembre	—	—	5½			
	19 „	—	—	6			
1899		pas.	—	moyenne: 5.036	365		
1900		pas.	—	5.333	365		

On voit que le nombre de jours correspondant à un taux inférieur à 4 % va en diminuant, tombe à 50 en 1898 et à zéro l'année suivante.

De même, le nombre de jours à taux différentiels diminue fortement et arrive à zéro en 1897.

Enfin en 1899 et en 1900, l'escompte s'étant tenu tout le temps à 4 % au moins, la Banque ne pratiqua pas d'escompte privé.

IX. Encaisse et circulation.

La Reichsbank et la Banque de France sont, au point de vue monétaire, les organes régulateurs de la circulation générale dans leurs pays respectifs. La situation purement monétaire dépend doublement d'elles, selon qu'elles retirent plus ou moins de pièces de la circulation au profit de leur encaisse et qu'elles émettent plus ou moins de billets. Leur encaisse forme la grande réserve métallique du pays.

Cette réserve est, à la Banque de France, la plus grande concentration monétaire qui existe au monde, tandis qu'elle est relativement peu considérable à la Reichsbank.

Or un billet de banque peut jouer deux rôles, il peut remplacer un instrument de crédit ou être simplement un substitut de la monnaie métallique[1]). En réalité, il participe presque toujours de ces deux natures. Pour établir dans quelle mesure l'encaisse des banques d'émission peut modifier la nature de leur billet, il faut tenir compte du portefeuille de ces banques puisque le portefeuille, par l'escompte, détermine la sortie de billets ou de monnaie au profit de la circulation d'un pays et que la traite qui fait l'objet de cet escompte est, elle, un instrument de crédit.

(Voir le tableau ci-contre page 99.)

On voit que le chiffre des billets atteint son maximum lorsque le portefeuille est le plus élevé (1907). Cependant, à la Banque de France, bien que la circulation fiduciaire augmente sans cesse, le portefeuille souvent ne suit pas ce mouvement de gradation, abstraction faite de 1907 qui est une année ex-

---

[1]) Nous ne disons pas qu'il peut être par lui-même une forme du crédit mais que sa couverture peut consister soit en papier de crédit, soit en espèces.

ceptionnelle par suite de la crise aux Etats-Unis. Le billet français est de plus en plus compensé par des espèces métalliques, il est de moins en moins un substitut des effets de commerce.

(Moyennes en millions).

Années	Banque de France.			Reichsbank.		
	Encaisse	Circulation	Portefeuille	Encaisse	Circulation	Portefeuille (Situation au 31 décembre sans les effets sur l'étranger)
1881	1824	2576	1167	556	739	434
1885	2176	2846	784	586	727	434
1890	2513	3060	670	801	983	609
1895	3291	3526	544	1011	1095	766
1900	3237	4034	875	817	1138	1013
1901	3516	4115	592	911	1190	955
1902	3659	4162	546	982	1229	974
1903	3602	4310	688	904	1248	1095
1904	3678	4283	700	926	1288	966
1905	3956	4408	640	972	1335	1175
1906	3931	4658	898	890	1387	1277
1907	3674	4800	1125	843	1478	1470

Le billet allemand subit une transformation inverse. En 1881, sur une circulation de 739 millions de marks, 183 représentaient des effets de commerce (739—536).

En 1907, sur une circulation de 1478 millions de marks, 635 représentaient des effets (1478—843). Si la proportion était restée la même qu'en 1881, la couverture en papier de crédit aurait dû être de 366 millions, c'est-à-dire 24 % de la circulation totale, alors qu'elle équivalait, en 1907, à 42 %.

Pour avoir une idée exacte de la garantie métallique, il faut faire entrer en ligne de compte la dépréciation du métal argent que nous supposerons être de 60 %.

(Moyennes en millions.)

	Banque de France						Reichsbank [1])					
Année	Encaisse fr.	Dépréciation de l'encaisse argent fr.	Valeur intrinsèque de l'encaisse fr.	Circulation fr.	Rapport de la circulation à la population (38.500,000 hab.)	Couverture métallique réelle de chaque billet %	Encaisse M	Dépréciation de l'encaisse argent M	Valeur intrinsèque de l'encaisse M	Circulation M	Rapport de la circulation à la population (58,000,000 hab.)	Couverture métallique réelle de chaque billet %
1906	3931	629	3302	4658	121 fr.	70%	890	130	760	1387	24 M.	54%
1907	3674	583	3091	4800	124 fr.	64%	843	126	717	1478	25 M.	48%

On voit qu'il circule en billets par habitant en France 124 francs contre, disons, 30 francs en Allemagne, c'est-à-dire que si la Reichsbank se trouvait dans une situation analogue à celle de la Banque de France, son émission devrait atteindre 4 fois 1478 donc 5912 millions de marks ou plus de 7 milliards de francs.

Quels sont les inconvénients et les avantages de ces deux systèmes?

Constatons d'abord que l'augmentation de la circulation amène, sauf des circonstances exceptionnelles, dans une banque bien dirigée, une augmentation de l'encaisse, soit que le public effectue ses payements en espèces à la Banque, soit que celle-ci, notamment à l'occasion des retraits de dépôts en comptes-courants et autres, conserve les fonds en caisse et délivre des billets à leur place.

Les billets d'une banque solide sont d'ailleurs recherchés par le public en général; ils sont d'une grande commodité et d'un remboursement assuré. La banque peut aisément accroître sa réserve métallique par une extension de l'émission, le numéraire étant surtout demandé pour les besoins extérieurs et n'étant pas indispensable au commerce national.

[1]) Nous négligeons, pour l'Allemagne, les chiffres des banques privées d'émission qui, vu leur peu d'importance relative, ne modifieraient guère les résultats ci-dessus.

La question revient donc à savoir s'il est préférable ou non pour une Banque d'émission d'avoir à la fois une circulation et une encaisse considérables.

Par une forte circulation de billets, la Banque, a-t-on dit, se crée une puissante encaisse qui est une source de profits peu légitime.[1])

On oublie que ce n'est pas l'émission qui rapporte des bénéfices à la Banque. Ceux-ci proviennent de l'étendue de ses diverses opérations, surtout de l'escompte et des avances. Si l'encaisse est augmentée, le rendement n'en sera pas forcément plus élevé. Ce n'est pas elle mais les sommes placées qui rapportent intérêts. D'autres théoriciens objectent que, cherchant à conserver sa forte réserve, la Banque restreint ses placements. On perd de vue qu'une diminution de l'encaisse est d'autant moins sensible que le total sur lequel elle agit est plus considérable. La Banque, à moins de hausser son taux d'intérêt à un chiffre disproportionné, sera, en dépit de son vif désir d'accroître l'encaisse, bien obligée de faire face aux demandes d'argent.

Seulement si elle veut alors maintenir intacte son encaisse et si elle le peut, grâce à la loi qui la régit, elle satisfera à ces demandes autant que possible en billets.

Les échéances lui ramèneront soit des fonds, soit des billets et le moment critique une fois passé, elle aura ainsi défendu sinon augmenté son encaisse. Une extension sérieuse de l'émission entraîne bien aussi des charges appréciables: «fabrication et entretien des billets, comptabilité des billets, transport entre la Banque Centrale et ses succursales non seulement des billets, mais du numéraire destiné à en assurer

---

[1]) Parce que cette encaisse résulte d'un crédit public. «Le public se fait crédit, c'est du crédit mutuel qui devrait être gratuit.» E. Grillon. Le chèque barré — Paris 1890, p. 83.

constamment le remboursement sur tous les points du territoire, conservation et garde des matières d'or qui constituent la couverture[1]).»

Ces frais doivent être, nous semble-t-il, compensés par les billets détruits, brûlés par exemple, dont les propriétaires ne peuvent plus réclamer le remboursement. Ils forment une diminution de la dette de la Banque dont elle ne tirerait d'ailleurs directement profit qu'en cas de liquidation de la société et de remboursement de tous ses billets.

Il est vrai que la Banque ne doit pas exagérer la circulation de ses billets. Une émission poussée à l'excès constitue un danger, même lorsqu'elle coïncide avec une encaisse assez importante. Il faut que l'accroissement normal de la circulation soit provoqué par les besoins du commerce. Si donc la Banque parvenait à étendre sa circulation bien au-delà de cette limite, la demande monétaire restant la même, la valeur du billet et de la monnaie se déprécierait, puisque l'offre dépasserait de beaucoup la demande. Cette dépréciation se manifesterait par une hausse du prix des marchandises. «Quelle que soit l'augmentation des instruments d'échange, dit Ad. Smith[2]), le canal de la circulation restera précisément le même qu'auparavant. Tout ce qu'on y versera au-delà de la somme nécessaire aux transactions courantes ne pourra y prendre son cours, mais sera forcé de déborder.» Ce débordement se fera, comme le dit M. Courcelle-Seneuil, «par l'exportation[3])» et «le billet ne pouvant s'exporter,

[1]) Compte-rendu de la Banque de France, année 1905, p. 18. Le rapporteur mentionne aussi l'impôt français du timbre: 20 centimes par 1000 francs sur les billets de la circulation improductive.

[2]) Adam Smith, Recherches sur la nature et les causes de la richesse des nations, traduction française. Paris. Guillaumin & Cie. 1881. Tome I, p. 345.

[3]) Courcelle-Seneuil. Les opérations de banque. Paris. Guillaumin & Cie. 1899. p. 249.

ce sera le numéraire qui ira s'employer à l'étranger[1]).» Puis, lorsqu'il y aura pénurie d'espèces métalliques dans la circulation, on présentera des billets au remboursement pour en expédier la contre valeur or au-delà des frontières. C'est donc par les nécessités du commerce intérieur et non par le désir d'étendre ses opérations que doit se laisser guider l'administration des banques d'émission.

Examinons à ce point de vue la situation en France. Il est certain que la circulation française, à raison de 124 francs par habitant, n'est pas inférieure aux besoins des échanges courants. Leur est-elle supérieure? Deux faits incontestables prouvent que non. D'abord l'encaisse n'est guère inférieure à l'émission, ce qui aurait lieu en cas d'exportation du numéraire qui, ainsi que nous venons de le dire, se ferait, en fin de compte, au détriment des réserves métalliques. Ensuite, la masse des opérations d'escompte et d'avances n'augmente pas dans des proportions à inspirer des craintes, ce qui démontre bien que l'extension de l'émission ne résulte pas «du désir de la Banque d'étendre ses opérations».

Quant à la circulation de la Reichsbank, à raison de 30 francs par habitant, elle est, ainsi que le prouvent irréfutablement les doléances continues des commerçants et des industriels, tout à fait insuffisante et constitue à coup sûr une des causes de l'élévation anormale du taux d'escompte dans les dernières années.

Nous ne méconnaissons nullement que les besoins monétaires du commerce et de l'industrie, dont il vient d'être parlé à plusieurs reprises, sont en partie dépendants des habitudes des commerçants eux-mêmes, aussi n'y a-t-il pas là de reproche à adresser à la direction des Banques. C'est une question

---

[1]) P. Loubet. op. cit. p. 40 et 41.

d'éducation économique de toute une population. Nous reviendrons dans nos conclusions sur ce point.

Le danger de la dépréciation de la monnaie n'existe donc ni en France ni en Allemagne, abstraction faite de la dépréciation générale de l'argent qui tient à d'autres causes.

Mais, selon certains économistes, une circulation de billets ou de numéraire trop forte présenterait pour le pays un autre danger. Les peuples les plus riches n'ont pas nécessairement la plus grande richesse métallique. La France moins peuplée et moins riche que l'Angleterre détient beaucoup plus de monnaie, environ 8 milliards, 5 d'or et 3 d'argent. «Il vaudrait mieux, dit M. Paul Leroy-Beaulieu[1]), qu'elle n'eût que 4 ou 5 milliards d'or et d'argent et qu'elle possédât pour 3 ou 4 milliards de plus d'usines, de machines, d'instruments de travail. Son revenu en serait accrû, parce que la monnaie ne produit pas de revenu pour un pays et que les usines, les machines et les instruments de travail peuvent en donner un.» Plus loin, il compare la France à «un particulier qui garderait une partie notable de sa fortune sous la forme de monnaie entassée dans un coffre fort.»

D'abord, faisons remarquer que l'encaisse de la Banque n'est l'équivalent que d'une partie de la circulation, la Banque ne conserve donc rien du tout en coffre fort; elle a même une circulation productive. Les observations de M. Paul Leroy-Beaulieu se rapportent donc uniquement au pays dans sa généralité, non à l'émission de la Banque de France qui ne peut atteindre le chiffre actuel que parce que la circulation métallique est elle-même très étendue.

En outre, le pays détenteur de billets ou de numéraire n'en perd pas nécessairement le revenu. Le nombre de ceux

---

[1]) Paul Leroy-Beaulieu. Précis d'économie politique. 5e édition. Paris. Ch. Delagrave. 1897. p. 226.

qui de nos jours thésaurisent se fait toujours plus petit. Les Caisses d'épargnes rendent productives les économies des humbles. Les banques de crédit accordent des intérêts pour les dépôts en espèces, en comptes-chèques ou en comptes-courants. Enfin, combien de placements industriels, dans le pays et, ce qui est plus grave, à l'étranger, ne rapportent qu'un dividende insuffisant ou se font même en pure perte.

Il y a du vrai dans l'affirmation de M. Paul Leroy-Beaulieu, en ce sens que trop de gens encore conservent chez eux des sommes qu'ils pourraient placer en banque et que beaucoup de sociétés commerciales ou industrielles gardent, pour faire face aux dépenses journalières, une encaisse qu'elles pourraient réduire en s'y appliquant.

Moyennant une utilisation plus générale des moyens de faire fructifier la monnaie de papier et de métal, il n'y a donc pas de danger à permettre à la circulation fiduciaire d'une banque de s'étendre dans des limites raisonnables, comme c'est le cas pour la Banque de France, à condition que la Banque augmente, en proportion et même plus, son encaisse métallique et surtout son encaisse-or.

Mais il y a mieux que cela, il y a obligation morale pour la Banque à se créer, dans l'intérêt du pays, de fortes réserves métalliques, ce qu'elle ne peut guère réaliser que par une émission assez large, plus large, dans tous les cas, que ne l'est celle de la Reichsbank.

En effet, l'importance de l'encaisse est la meilleure garantie de stabilité et de modération du taux de l'escompte. Le Compte rendu de la Banque de France, paru en 1907, dit, à ce sujet: «On a parfois reproché aux stocks métalliques d'immobiliser des capitaux dans un emploi improductif. Si l'on veut bien réfléchir que notre réserve, par sa présence dans nos caisses, a procuré, à plusieurs milliards de papier de commerce circulant en France, un taux inférieur de 3, parfois de 4 % à celui de pays voisins, on est conduit à constater que, grâce à elle, un profit matériel singulièrement appréciable a été assuré aux commerçants et industriels de notre pays[1]).»

Il nous a semblé intéressant d'illustrer cette constatation par des chiffres. Ainsi que le montre le tableau L[2]), si la Reichsbank avait, depuis sa fondation, appliqué le même taux d'escompte que la Banque de France, au lieu de tirer de ses opérations d'escompte un bénéfice de 735 millions de marks, elle n'aurait gagné que 526, la différence, soit 209 millions de marks ou 28 % du total, aurait constitué le dégrèvement, le profit matériel que mentionne la Banque de France et dont l'industrie et le commerce allemands n'ont pu jouir. Si l'on considère que les effets pris à l'escompte par la Reichsbank ne sont qu'une partie de l'escompte pratiqué au taux officiel dans tout l'Empire et par toutes les banques, on en conclut que la «perte matérielle», pour tous les négociateurs d'effets, est beaucoup plus considérable encore.

Nous avons vu[3]) que le taux d'escompte, à l'encontre du taux des prêts à long terme, est déterminé, entre autres, par le marché de la monnaie et de ses équivalents. Si les disponibles sont rares, le taux tendra à s'élever. Or l'encaisse de la Banque est le réservoir des disponibles. Examinons la situation de la Banque de France en opposition à celle de la Reichsbank.

La forte encaisse de la Banque de France est le fait de la prudence de ses administrateurs puisque la loi est tout à

---

[1]) Compte-rendu de l'année 1906. p. 8.

[2]) Voir aux annexes, tableau L.

[3]) Voir p. 36.

fait muette sur ce point. La Banque, disposant d'une réserve imposante, n'est pas contrainte, dès que les demandes d'argent s'accentuent, de préserver cette encaisse par une élévation du taux de l'escompte. Elle peut, pendant un certain temps, faire face aux exigences des clients et fournir du numéraire sans modifier ses conditions. Seulement lorsque les demandes de monnaie deviennent inquiétantes, elle se décide à les modérer par la hausse du taux. Son encaisse est donc comme un régulateur qui, en temps de crue, accumule le trop-plein du numéraire pour le remettre en circulation dans les périodes de resserrement monétaire, sans interrompre, souvent même sans restreindre le débit.

Quelle est la situation à la Reichsbank? Supposons que cette Banque ait suivi l'exemple de sa consœur française[1]) et prêté à la Banque d'Angleterre 75 millions de francs (60 millions de marks).

(Moyennes de 1906 et 1907 en millions)

	(francs) Banque de France				(marks) Reichsbank			
	Encaisse		moins 75 millions de francs		Encaisse		moins 60 millions de marks	
			Diminution en %				Diminution en %	
	totale	or	total	or	totale	or	total	or
1906	3931	2882	— 1,9 %	— 2,6 %	890	674	— 6,7 %	— 8,9 %
1907	3674	2703	— 2,4 %	— 2,7 %	843	633	— 7,1 %	— 9,4 %

Il n'est pas de banque d'émission qui puisse assister impassible à une perte subite de 9,4 % de son encaisse or. La Banque de France a mis les 75 millions de francs de son plein gré à la disposition de la Banque d'Angleterre, mais il

1) Le 5 novembre 1907, la Banque de France est venue en aide à la Banque d'Angleterre en lui envoyant 75000000 de francs en or, voir p. 128 et suivantes.

est vrai qu'une diminution de 2,7 % n'a rien de bien inquiétant. A ce moment, la Banque de France a porté son taux de $3^1/_2$ % à 4 %, toutefois, ce fut surtout l'écart existant entre les taux français (alors $3^1/_2$ %), anglais (6 %) et allemand ($6^1/_2$ %) qui l'y contraignit. Le même jour d'ailleurs, le taux en Angleterre était amené à 7 % et en Allemagne à $7^1/_2$ %.

Une forte encaisse métallique est aussi très précieuse au point de vue national, surtout en cas de conflit sérieux, car elle forme le trésor de guerre du pays.

Tandis que l'Allemagne a un trésor de guerre de 150 millions de francs dans la tour de Spandau, la plupart des autres états modernes ont renoncé à accumuler, en dehors de la circulation monétaire, de fortes sommes destinées à faire face aux frais d'une grande guerre.

La circulation métallique de la France et, du même coup, l'encaisse de la Banque de France ne subissent aucune restriction de ce genre. L'Allemagne contrebalance la non productivité de son trésor de guerre en émettant des billets du trésor pour une somme équivalente[1]), mais ce système n'est pas praticable lorsqu'il s'agit de sommes énormes, telles que les exigerait une grande guerre moderne. Le trésor de Spandau serait tout à fait insuffisant.

Le trésor de guerre français est constitué par l'encaisse de la Banque. L'or de cette encaisse est à la fois le contre poids d'une crise financière, commerciale ou de guerre. La Banque et l'Etat se rendent ainsi des services réciproques. L'Etat favorise l'accroissement de l'encaisse métallique en accordant le cours légal aux billets de la Banque et en ne limitant pas irrévocablement le chiffre de l'émission.

La Banque, en revanche, qui est le caissier de l'Etat en

[1]) Le remboursement des «Reichskassenscheine» ou billets du Trésor n'est nullement garanti par le trésor de Spandau.

même temps que son banquier et commanditaire, met, en cas de guerre, l'or qu'elle a dans ses caves à la disposition du pays, à la condition que l'Etat, à son tour, intervienne pour protéger l'encaisse de la Banque, ce qu'il réalise alors en proclamant le cours forcé des billets de banque.

Ceci fait, ainsi que l'expérience et la logique le prouvent, le gouvernement se gardera bien de puiser à même cette encaisse d'or. Ce serait contraire aux intérêts de la Banque et, plus encore peut-être, à ceux de l'Etat.

Le crédit de la Banque, assuré par sa forte encaisse, serait en temps de guerre plus que jamais utile au pays, et l'Etat, par mesure de politique prudente, éviterait d'ébranler son propre crédit. Ainsi en 1871, la Banque de France, avec une réserve de 650 millions, a suffi à une circulation et à des avances à l'Etat de plus de trois milliards et demi sans que le papier fût le moins du monde déprécié.

En aurait-il été de même si l'Etat, épuisant d'abord les 650 millions de l'encaisse, eût émis des billets de banque à cours forcé pour près de trois milliards?

Il est permis de croire que le billet eût subi alors une forte dépréciation, et que, conséquence des plus funestes pour le pays, le crédit de la Banque eût été ébranlé.

La Reichsbank aurait donc grand avantage à posséder des réserves métalliques plus considérables; elle ne pourrait guère le faire qu'en étendant son émission.

Mais on est habitué, en Allemagne, à payer le plus souvent en monnaie métallique et surtout en or. Il en résulte une tension continue du marché des fonds disponibles. La circulation de l'or manque de l'élasticité propre à la circulation des billets. La banque d'émission ne peut pas multiplier d'emblée le numéraire comme les billets, suivant les besoins du moment. Une telle banque, très solide, possédant par exemple pour un milliard de bons effets en portefeuille mais n'ayant qu'une encaisse réduite, aurait tout intérêt à ce que le public acceptât ses billets et n'exigeât pas leur remboursement. Somme toute, ses billets présentent complète sécurité. Mais si la population persiste à recourir au numéraire de préférence aux billets, il y a là, dans son éducation économique, une lacune que les pouvoirs publics doivent s'attacher à combler.

C'est pourquoi on s'est demandé si l'absence de petites coupures, dans la circulation fiduciaire allemande, n'était pas une des causes de l'usage restreint des billets dans les relations courantes entre non-commerçants[1]). Le législateur a, dans cet ordre d'idées et dans l'espoir que l'or affluerait alors à la Reichsbank, autorisé, par une loi du 20 février 1906, l'émission de billets de 50 et de 20 marks. A la fin de 1906, il ne circulait, en coupures de ce genre, que 88,4 millions de marks; le 31 décembre 1907, 290,4[2]) millions de marks, ce qui ne peut exercer qu'une faible influence sur la consolidation de l'encaisse métallique à la Reichsbank.

D'ailleurs, cette loi n'est qu'une demi-mesure, car le plus grand obstacle à l'extension de la circulation est la taxe légale de 5 %.

On a beau objecter qu'au début de 1908, l'émission de

---

[1]) Il y avait bien pour 120 millions de «Reichskassenscheine», billets du Trésor, d'une valeur minimum de cinq marks, mais pas de coupures inférieures à 100 marks.

[2])

Dates	Billets à 50 marks		Billets à 20 marks	
	Nombre	Somme	Nombre	Somme
30 avril 1906	70.173	3.508.650	135.057	2.701.140
30 novembre 1906	552.699	27.634.950	696.816	13 936.320
31 décembre 1906	1.053.730	52.686.500	1.791.026	35.820.520
31 décembre 1907	2.785.722	139.286.100	7.557.859	151.157.180

la Reichsbank atteignait 1885 millions de marks, soit à peu près 500 de plus qu'à la fin de 1906, le manque de numéraire est si intense en Allemagne qu'une augmentation d'un demi-milliard ne suffit pas[1]).

Puisqu'à cette même époque (1908) l'encaisse était de 779 millions de marks, il aurait fallu, d'une part, un accroissement suffisant de la circulation métallique, d'autre part, une amélioration des habitudes du public, pour en arriver à concentrer à la Reichsbank, disons, 3 milliards en or, correspondant à une augmentation approximativement égale de la circulation fiduciaire. La Banque aurait alors une réserve métallique de $779 + 3000 = 3779$ millions de marks et une émission de 4885 millions de marks, ce qui n'aurait rien d'alarmant et permettrait de faire jouer à l'encaisse le rôle de régulateur qu'elle remplit à la Banque de France. Dans les circonstances actuelles, le besoin de monnaie sévissant dans toute l'Allemagne met obstacle à un accroissement sérieux de l'encaisse, car, comme nous l'exposerons dans la suite, la «Notensteuer», cet impôt qui limite indirectement l'émission, rend impossible l'extension efficace de la circulation des billets.

Aussi, le manque d'argent monnayé ne diminue-t-il pas, tout particulièrement en ce qui concerne les payements hebdomadaires des grandes entreprises industrielles. — On a essayé de suppléer au défaut de pièces de 10 marks en mul-

---

[1]) Un banquier est chargé, depuis plus de quatre mois, de rassembler chaque semaine, pour le compte d'un industriel, du numéraire jusqu'à 30.000 marks. Cet argent, destiné au règlement des salaires, est recueilli péniblement en utilisant toutes les occasions qui se présentent, en mettant de côté les rouleaux de monnaie les uns après les autres. (Extrait d'un article paru dans les «Leipziger Neueste Nachrichten» du 3 janvier 1908).

tipliant la frappe des pièces d'argent de cinq marks, mais le retrait des thalers a bientôt créé de nouvelles difficultés.

L'article[1]) cité en note de la page précédente disait: «Il y a 4 ou 5 mois, la Reichsbank se déclara contrainte de limiter même la livraison des pièces d'or de 20 marks à la moitié de la somme jusque là concédée chaque semaine à tout intéressé, recommandant, pour l'autre moitié, l'emploi de petits billets.» Même la pièce d'argent devait, dans la mesure du possible, être remplacée par des billets de 5 marks, bien entendu pour les paiements de salaires.

Les statistiques les plus récentes montrent que la valeur totale des pièces d'argent qui circulent dans l'empire d'Allemagne s'élève à 899037713 marks, c'est-à-dire à peu près 15 marks par habitant, autrement dit, le maximum permis par la loi. Mais cette loi est ancienne et ne répond plus aux conditions économiques actuelles.

Tout en restant strictement monométalliste, l'Empire pourrait donc, ainsi que le vœu en a déjà été exprimé au Reichstag, élever ce maximum. Mais la seule réforme vraiment efficace serait, à notre avis, l'abolition d'une limitation indirecte de l'émission et un élargissement suffisant de la circulation métallique pour réaliser une circulation fiduciaire et une encaisse plus en rapport avec les besoins du pays. Tout ceci, abstraction faite d'autres réformes concernant plus spécialement les modes de règlement entre particuliers et commerçants.

---

[1]) Leipziger Neueste Nachrichten, numéro du vendredi 3 janvier 1908; article publié sous le titre: Geldnot und Abwehrmittel.

X. Monométallisme et bimétallisme.

Sans nous occuper ici des avantages et des inconvénients de l'étalon double ou de l'étalon unique, voyons quelle influence la situation monétaire de la France et celle de l'Allemagne exercent sur la politique des deux Banques. La France, on le sait, se trouve sous le régime du bimétallisme boiteux c'est-à-dire que l'or et l'argent possèdent la plénitude de la fonction monétaire mais avec cette double restriction que seules les pièces d'argent de 5 francs jouissent de cette propriété et que la frappe libre de l'argent est suspendue depuis la convention du 5 novembre 1878 applicable à toute l'Union latine. Donc, de toutes les pièces d'argent des pays de cette Union, celle de 5 francs seule a force libératoire illimitée et celle-là justement ne se frappe plus.

L'Allemagne est monométalliste mais elle ne l'est vraiment que depuis quelques mois. Nous sommes obligé, pour apprécier en connaissance de cause la politique passée de la Reichsbank, de tenir compte de l'ancien régime qui présentait une certaine analogie avec celui de la France. Quoique monométalliste, en effet, l'Empire allemand avait aussi une monnaie d'argent à plein pouvoir libératoire, les «thalers» ou écus de 3 marks dont la frappe n'était pas libre non plus.

Depuis le 1er octobre 1907, ces écus sont démonétisés et retirés de la circulation. L'Allemagne est, à l'heure présente, réellement sous le régime de l'étalon unique d'or.

M. Koch, l'honorable président de la Reichsbank qui vient de prendre sa retraite, a résumé comme suit la différence qui caractérise la politique suivie par les deux Banques, grâce au système monétaire en vigueur dans leurs territoires respectifs.

Dans le numéro de décembre 1906 de la «Deutsche Revue» il dit notamment que «La Banque de France ne rembourse ses billets qu'en monnaie d'argent tant qu'il ne s'agit pas de sommes peu importantes.» Puis il ajoute qu'«elle ne fait des avances qu'en monnaie argent ou en billets sauf dans quelques cas exceptionnels, par exemple au sujet du règlement des cotons venant d'Egypte, et encore ne procure-t-elle de l'or à cette fin que sur remise à l'escompte d'effets à 3 mois.»

M. Koch en arrive alors à exposer brièvement le système de la prime sur l'or appliqué par la Banque de France. «Elle ne délivre de l'or en lingots ou en monnaies étrangères qu'en tenant compte d'un certain agio, désigné du nom de prime bien que ce n'en soit pas une, à proprement parler. En effet, cet agio ne porte pas sur l'or monnayé français, il ne modifie pas son rapport légal à l'étalon d'argent, il n'influe que sur l'or comme marchandise qui, comme tel, n'a pas de valeur prescrite par une loi quelconque. Toutefois ce procédé de la Banque de France agit comme une prime sur l'or puisque cette Banque refuse d'accorder des crédits ou de rembourser ses billets autrement qu'en pièces d'argent.»

Avant d'examiner de plus près ces objections, constatons que le système attribué à la Banque de France est impraticable en Allemagne et qu'il l'aurait été même avant le retrait des thalers. Si elle eût agit comme la Banque de France, la Reichsbank aurait épuisé rapidement son stock minime de thalers qui ne s'élevait alors, comme l'écrit M. Koch, qu'à 46 millions de marks. Et puis une telle pratique aurait

---

[1]) Deutsche Revue No de décembre 1906. Dr. Koch. Die Reichsbank und die Geldverteuerung. p. 258. — Die Bank von Frankreich zahlt bei Kreditentnahmen grundsätzlich in ihren Noten oder in Silber.

exercé une influence préjudiciable sur le crédit international de la Reichsbank. En outre beaucoup de titulaires de comptes-courants auraient retiré les fonds déposés à la Banque, le jour où ils auraient pu craindre de n'en obtenir le remboursement qu'en papier ou en métal argent.

Mais n'y a-t-il rien d'exagéré dans cette affirmation que la Banque de France n'effectue ses payements qu'en écus d'argent ou en papier? Il est indéniable que le public est plus familiarisé en France qu'en Allemagne avec l'emploi du billet de banque, mais il n'en est pas moins vrai que le Français, tout comme l'Allemand, préfère l'or à l'argent. Dans ces conditions, si la Banque de France ne donnait pas l'or monnayé nécessaire aux transactions commerciales, si, se fondant sur le bimétallisme, elle ne remboursait ses engagements qu'en écus de cinq francs, son billet tomberait vite au-dessous du pair et il y a gros à parier que les titulaires en compte-courant, tout comme M. Koch le suppose pour la Reichsbank, pour se soustraire à l'obligation de ne recevoir que du métal argent, retireraient leurs fonds, et n'effectueraient plus de nouveaux dépôts.

Dans ce même article, M. Koch déclare que la population française est habituée à n'obtenir le remboursement de ses billets qu'en argent. Nous reconnaissons que, forcément, l'usage de l'argent est plus répandu en France qu'en Allemagne, la quantité de pièces d'argent à force libératoire illimitée y étant 9 fois plus considérable, mais, malgré tout, l'argent ne figure, en règle générale, que comme appoint dans les payements. Nous avons sous les yeux une lettre d'un haut fonctionnaire de la Banque de France et copions textuellement[1]): «Lorsque les journaux écrivent que la Banque

[1]) Cette lettre, qui est encore en notre possession, est datée du 8 janvier 1907.

de France limite ses paiements en pièces de 20 francs, cela signifie qu'elle met obstacle à l'exportation de l'or que la France ne doit pas. Cela n'empêche pas le commerce et l'industrie d'en demander tous les jours, surtout aux fins de mois, et jamais on ne refuse. Il n'est pas exact que notre population soit habituée depuis longtemps à n'obtenir le remboursement des billets qu'en pièces d'argent. C'est le contraire qui a lieu; il serait le plus souvent difficile de faire accepter au public plus de 3 pièces de 5 francs.»

Retenons de tout ceci que la Banque, de l'aveu même de ce fonctionnaire, limite parfois ses paiements en or; ce fait concorde en partie avec ce que dit M. Koch en parlant de la prime sur l'or pratiquée en France, mais il s'agit d'une limitation, non d'une suspension presque absolue des payements en or. Avant de nous occuper plus en détail de cette prime, constatons que le point de savoir quel profit la Reichsbank aurait pu tirer d'un régime bimétalliste déguisé, atténué, n'a plus guère qu'un intérêt rétrospectif. La démonétisation des thalers a placé à présent la Reichsbank dans l'obligation constante de délivrer de l'or à la moindre réquisition et sans pouvoir y mettre de conditions. Le retrait des thalers n'a d'ailleurs modifié en rien la politique de la Reichsbank qui a toujours été un fervent partisan du monométallisme or. Elle s'est décidée, dès 1876, à ne pas user de la faculté de payer en thalers pour protéger son encaisse or, et elle est restée fidèle à ce principe jusqu'à l'introduction du monométallisme pur, en 1907.

XI. Moyens d'atténuer, parfois d'éviter une élévation du taux de l'escompte.

1. La prime sur l'or.

A la Banque de France, l'application d'une prime sur l'or consiste à arrêter ou à modérer les sorties d'or lorsqu'il est destiné à l'exportation. C'est une charge qui pèse sur ceux qui demandent du numéraire pour effectuer des payements internationaux. Le seul métal qui convienne dans ce cas est de nos jours l'or dont les fluctuations de valeur sont «si faibles, si graduelles, si insensibles, quand on embrasse une période de quinze ou vingt ans, que jamais les écrivains spécialistes les plus consciencieux n'ont pu se mettre d'accord sur la question de savoir s'il a par lui-même haussé ou baissé[1].»

La prime sur l'or vise surtout les spéculateurs qui veulent utiliser la différence des changes entre deux pays, mais elle retombe aussi sur les commerçants qui doivent acquitter des dettes réelles en faveur de l'étranger. Elle a sa justification dans le désir d'éviter une hausse de l'escompte en des temps normaux de façon à épargner un surcroît de sacrifices aux industriels et négociants nationaux qui ne cherchent que du crédit. Son but est donc de restreindre l'exportation de, l'or, de défendre de cette façon l'encaisse or, la plus précieuse de la Banque et d'obvier ainsi à un renchérissement de l'argent sur le marché intérieur.

La plupart des économistes allemands partent de cette idée, qu'exposait M. Roch, que la Banque de France use d'une façon stricte de la faculté que lui donne la loi de ne payer qu'en pièces de cinq francs. Voici, par exemple, com-

---

[1]) Paul Leroy-Beaulieu. op. cit. p. 228.

ment l'un des plus autorisés, M. Helfferich [1]), présente la question: «La Banque de France peut, par le fait qu'elle refuse de délivrer de l'or français et recourt au droit de ne payer qu'en écus d'argent, augmenter le prix de vente des lingots et monnaies d'or étrangères d'une somme proportionnellement égale à la dépréciation de l'argent, c'est-à-dire qu'elle peut élever sa prime à l'infini.»

A notre avis, c'est méconnaître ce procédé que d'en baser l'application sur l'emploi exclusif du métal argent et des billets dans les relations de la Banque avec le marché intérieur. Le but de la prime sur l'or n'est pas, nous le répétons, de peser sur les transactions nationales. Elle ne doit renchérir que le prix de l'or soit en lingots, soit frappé à une effigie étrangère, c'est-à-dire de l'or qui ne fait pas partie de la circulation monétaire nationale. La Banque de France, ainsi que nous l'avons exposé au chapitre précédent, délivre donc de l'or français pour satisfaire aux besoins du commerce et de l'industrie du pays.

En principe, la Banque ne perçoit pas de prime sur l'or frappé à l'effigie nationale. Elle donne de l'or français aux négociants qui lui en demandent expressément, mais elle en refuse à ceux qui destinent cet or à l'étranger. Comment sait-elle que l'or est destiné à l'étranger?

Nous sommes amené à supposer que la Banque, qui possède un service de renseignements des mieux organisés, connaît les cambistes en quête d'or, et elle se refuse à leur en délivrer, droit qu'elle possède en vertu du bimétallisme. La Banque de France a donc, en cette matière, une triple ligne de conduite: elle prélève une prime sur les lingots et l'or étranger;

---

[1]) Karl Helfferich. Zur Erneuerung des deutschen Bankgesetzes. p. 114.

elle ne délivre pas d'or français aux cambistes qui pourraient l'exporter, mais elle satisfait régulièrement aux demandes d'or national que lui adressent les commerçants du pays pour leurs relations intérieures.

Un semblable système serait-il praticable dans un pays monométalliste?

Sans examiner si ces mesures sont en réalité aussi efficaces qu'elles le semblent à première vue, elles seraient certainement d'une application impossible en Allemagne où la Banque est tenue de payer toujours en or, si le client l'exige. Sans donc partager l'opinion commune qui fait coïncider l'agio sur l'or étranger avec un refus absolu de délivrer des pièces d'or nationales, nous estimons que les écus d'argent à force libératoire illimitée sont nécessaires pour appliquer la prime sur l'or, d'après le procédé français.

Cependant la Reichsbank, comme la Banque d'Angleterre, prélève également une prime sur les lingots et monnaies d'or étrangères, mais cette prime diffère essentiellement de la prime française. D'abord elle est beaucoup moins élevée et ne dépasse pas la valeur des frais de monnayage plus la valeur équivalente à la tolérance légale du frai. Ensuite, par le fait du régime monométalliste, tout détenteur de billets peut en obtenir le remboursement en or national sans qu'il soit mis le moindre obstacle à cette diminution de l'encaisse, même lorsqu'on sait que la somme ainsi versée doit servir à des règlements internationaux.

Que faut-il penser des effets de la prime sur l'or?

L'administration de la Banque de France déclare y avoir eu recours avec succès, ainsi qu'il résulte du Compte-rendu de l'année 1896, page 12: «La Banque de France, grâce à notre régime monétaire qui permet de payer en or ou en argent, à pu réduire les sorties d'or à ce qui était réellement nécessaire aux besoins légitimes du commerce international. La prime défensive sur l'or a montré une fois de plus son efficacité, elle nous a permis de maintenir le taux de l'escompte le plus stable et le plus modéré du monde entier, sans gêner en aucune façon les affaires puisque le change sur Londres, qui est en quelque sorte notre baromètre monétaire, est toujours très voisin du pair.»

Il est de fait que, en 1896, le taux en France est resté toute l'année à $2\,^0/_0$, qu'il s'est élevé successivement à $2^1/_2$, 3 et $4\,^0/_0$ en Angleterre et a passé de 3 à 4 et à $5\,^0/_0$ en Allemagne[1]). Il est également prouvé que l'encaisse moyenne de la Banque de France a subi, en 1896, par rapport à l'année précédente, une diminution moins sensible que celle des réserves métalliques à la Reichsbank[2]), soit 69 millions de francs contre 120 millions de marks. Mais tant que l'on ne connaîtra pas d'une façon bien précise la balance des comptes en cette année, il ne sera guère possible de distinguer quelle part, dans cette situation privilégiée de la Banque de France, revient à la prime sur l'or et quelle part est due à un excédent des créances sur les dettes internationales de la France. Lorsque la balance des comptes est très favorable, elle peut, dans le pays créancier, contre-balancer l'influence d'une exportation de l'or et combler les vides que cette exportation occasionne dans la circulation monétaire. Or la balance des comptes de la France est presque toujours favorable; elle empêche donc, par son surplus de créances sur l'étranger, que la prime sur l'or appauvrisse trop le stock d'or national.

Supposons au contraire que la balance des comptes soit, à un certain moment, défavorable, la prime sur l'or ne pourra pas protéger les ressources monétaires du pays débiteur.

---

1) Voir le tableau comparatif des taux d'escompte, p. 74.

2) „ „ „ sur l'encaisse et la circulation, p. 69.

En effet, jamais le système des primes sur l'or n'a empêché le drainage du métal jaune par l'étranger quand ce drainage est dû à un surcroît des dettes sur les créances, puisque la prime ne peut modifier cet état de choses.

Ce serait d'ailleurs apprécier à la légère la politique de la Banque de France que de lui attribuer une opinion contraire à cette vérité économique. La prime doit empêcher une exportation trop facile de l'or, chose très compréhensible dans un pays à deux étalons dont l'un est fortement déprécié à l'étranger. Mais elle ne doit pas se substituer à une élévation du taux de l'escompte quand l'appel d'or à l'extérieur devient trop pressant.

La prime sur l'or est simplement un moyen d'atténuer l'élévation du taux, tout au plus pourrait-elle se substituer à une élévation de $^1/_2\,^0/_0$ qui ne serait pas d'une nécessité absolue.

«Un drainage plus dommageable, dit l'administration de la Banque de France, et un resserrement monétaire à Londres auraient pu nous mettre dans l'obligation d'élever le taux de nos escomptes» [1]).

«Du 24 août 1899, jour où l'encaisse a atteint le chiffre le plus élevé de l'année, au 24 décembre, nous n'avons perdu que $3\,^0/_0$ de notre stock. Toutefois, comme le drainage aurait pu prendre des proportions inquiétantes, nous avons relevé à $3^1/_2\,^0/_0$ puis à $4^1/_2\,^0/_0$ le taux de l'escompte, et cette mesure a donné, comme toujours en pareil cas, le résultat qu'on en attendait [2]).»

Enfin voici une déclaration tout à fait catégorique [3]).

«Le taux de l'escompte fixé à $2\,^0/_0$ a été porté à $3\,^0/_0$.

---

[1]) Compte-rendu de la Banque de France. 1903. p. 5.
[2]) „ „ „ „ „ „ „ . 1899. p. 8.
[3]) „ „ „ „ „ „ „ . 1898. p. 14.

Les conditions du marché nous ont fait une obligation de ce relèvement, seul moyen connu de défendre l'encaisse[1]).»

Cependant, même en regardant la prime sur l'or comme un moyen accessoire de protéger l'encaisse, peut-on la considérer comme étant toujours efficace?

La politique suivie par la Banque de France préserve bien tout d'abord l'encaisse or de la Banque mais, ainsi que nous venons de l'exposer, elle ne peut pas toujours empêcher le drainage de l'or aux dépens de la circulation, surtout le drainage des pièces lourdes. Les arbitragistes, ne pouvant obtenir de la Banque ni monnaies étrangères ni lingots (sauf moyennant un agio) ni pièces d'or nationales, prélèvent sur la circulation non protégée les pièces les plus lourdes. Ils pratiquent le trébuchage et appauvrissent le stock national en qualité et en quantité. En fin de compte, les vides dans la circulation monétaire, pour autant que la balance des comptes ne les comble pas, doivent se remplir petit à petit, et, que cette compensation se fasse partiellement en écus d'argent ou en pièces d'or, il n'en résultera pas moins une diminution de l'encaisse de la Banque.

Au lieu donc d'exporter de l'or étranger, on a exporté de l'or indigène et occasionné de cette façon, aux nationaux

---

[1]) Ce relèvement de l'escompte ne prouve-t-il pas que l'encaisse or de la Banque est menacée? Oui; mais alors, si la Banque s'en tenait si strictement que le disent les auteurs cités, à son droit de ne payer qu'en écus d'argent, elle n'aurait besoin de recourir à un escompte plus élevé qu'à la condition que la prime sur l'or ne protégeât pas suffisamment la partie de l'encaisse constituée par les lingots et les monnaies étrangères. Or, personne ne soutiendra que le relèvement de l'escompte soit nécessité par l'insuffisance de la prime puisque, comme le dit M. Helfferich, grâce au bimétallisme, cette prime pourrait s'élever à l'infini.

qui ont effectué ce règlement, une dépense plus forte puisqu'ils doivent supporter les frais de frappe à l'étranger[1]).

Cet argument est inattaquable s'il suppose une exportation d'or répondant à un besoin réel, c'est-à-dire résultant d'une dette du pays envers l'étranger. Mais si la demande d'or émane de la spéculation cambiste, il n'est que juste que les arbitragistes supportent les effets de ces mesures qui se traduiront peut-être par une modération de leurs opérations rendues plus difficiles. Cette politique n'est donc recommandable que dans un pays riche, presque toujours créancier de l'étranger, et à double étalon.

La prime sur l'or aurait, selon certains économistes, un autre grand désavantage. Elle peut, disent-ils, se reporter sur les cours du change. «Si la situation monétaire à l'étranger et la balance des comptes exigent impérieusement une exportation d'or, cette exportation se fera coûte que coûte. Les cours du change monteront donc au taux voulu pour permettre les règlements à l'étranger[2]).» Le chèque sur Londres par exemple serait si recherché à Paris pour effectuer les règlements nécessaires Outre-Manche, qu'il atteindrait presque 25 francs 35. A ce taux, les envois d'or national se feraient directement sans emprunter la forme d'un chèque ou d'une traite sur l'étranger, et la prime sur l'or aurait aggravé la hausse du change, puisque sans elle les arbitragistes auraient pu se procurer normalement de l'or étranger en s'adressant à la Banque d'émission.

Qu'y a-t-il de fondé dans cette critique?

---

[1]) Cela ne signifie pas que ces pièces seront forcément refondues puis frappées à nouveau, mais bien, que l'on tient compte des frais qu'une telle opération entraînerait, frais qui seraient, le cas échéant, à charge de l'étranger.

[2]) Karl Helfferich. Zur Erneuerung des deutschen Bankgesetzes. p. 127.

Nous en revenons à ce que nous avons dit à propos de l'administration de la Banque de France. S'il s'agit, comme nous l'avons supposé dans le cas ci-dessus, d'un sérieux resserrement monétaire sur la place de Londres et en outre d'une balance défavorable à la France, la Banque n'hésitera pas un instant[1]), elle relèvera son taux d'escompte, procédant comme le ferait la Reichsbank en même occurrence. Quant à la prime sur l'or étranger qui pourrait être plus élevée en France qu'en Allemagne, il se peut qu'elle influe sur le change, mais elle n'a pas pour effet, comme l'escompte, de rendre l'argent plus cher pour la généralité des commerçants, donc pour ceux qui ne pratiquent pas d'arbitrages. La Banque de France estime qu'il y aurait injustice à faire supporter au pays les conséquences d'un manque d'argent à l'extérieur.

La Reichsbank ne pourrait, nous l'avons dit, sous le régime monétaire actuel de l'Empire, suivre l'exemple de la Banque de France, la ressource de limiter au besoin ses payements en or n'existant pas pour elle qui doit compter avec un étalon unique.

La Banque de France, d'une part, a parfaitement raison, dans les circonstances spéciales où elle se trouve par suite du bimétallisme, de se servir de la prime sur l'or pour obvier aux variations superflues du taux de l'escompte, pour éviter d'augmenter le prix de l'argent à l'intérieur uniquement parce que les pays voisins recherchent son or[2]).

---

[1]) Voir les trois extraits des comptes-rendus, p. 121.

[2]) La Banque de France a d'autant plus raison d'agir ainsi que, comme M. Koch lui-même le reconnaît dans son article déjà cité, «il n'en résulte qu'un petit agio momentané sur l'or qui n'entraîne qu'une dépréciation toute passagère du change.» — Cet effet étant dû à ce que la balance des comptes de la France est presque toujours favorable, qui blâmera la Banque de profiter de cet heureux état de choses pour maintenir autant que possible la stabilité de son taux?

Mais d'autre part, la Reichsbank devrait-elle, pour le simple profit, qui sans être négligeable n'est pas essentiel, qu'elle retirerait de l'application d'une prime sur l'or plus élevée, avoir des tendances bimétallistes et employer son influence à faire adopter par l'Allemagne un régime monétaire analogue au régime français? Non, mille fois, non. Le monométallisme or est, à l'heure présente, un système trop précieux pour y renoncer en faveur d'une mesure qui ne justifierait pas assez cet abandon, malgré certains avantages incontestables.

2. Couverture en papier long.

La Banque de France dispose d'un autre moyen pour ralentir les sorties d'or ou tout au moins pour en tirer profit, c'est de ne donner de l'or qu'à certaines conditions. C'est à ce moyen qu'elle a, par exemple, eu recours, en 1907.

Le résultat des opérations de 1906 s'était traduit par une perte d'or de 192 millions[1]). Depuis qu'il y avait une différence très grande entre le taux français (3 %) et ceux de l'Angleterre (6 %) et de l'Allemagne (7 %), le papier étranger prenait la direction de Paris pour s'y transformer en or et la spéculation cambiste retirait de la circulation des pièces d'or bon poids. La Banque de France aurait pu relever immédiatement son taux d'escompte mais, ne voulant pas accabler le commerce national à cause des conditions du marché international, elle préféra se montrer sévère pour les sorties d'or.

Elle exigea donc des sociétés de crédit et des hautes banques qui voulaient avoir de l'or pour l'exporter, du papier français à 45, 60, 75 ou 90 jours pour une somme 2, 3 ou

---

[1]) 30. XII. 1905: encaisse or: 2.864 millions; argent: 1071 millions.
29. XII. 1906: „ „ : 2.672 „ ; „ : 993 „ .

4 fois supérieure à celle prélevée en or[1]). Elle obligea les banquiers qui cherchaient de l'or à tout prix, à lui céder une partie de leur portefeuille national. Or nous avons vu précédemment que la Banque de France ne reçoit en général à l'escompte que du papier à courte échéance. Nous avons vu également que le papier négociable lui échappe souvent. Elle a donc tout avantage à ouvrir son portefeuille au beau papier qui constitue pour elle un placement de tout repos, pendant un temps supérieur à la durée moyenne de ses escomptes. D'une part, elle impose aux cambistes en quête d'or un sacrifice qui modère leurs demandes, d'autre part, elle se dédommage de l'affaiblissement de son encaisse par un surcroît de bénéfices, enfin, elle ménage le commerce indigène.

En 1907, elle haussa ses prétentions au fur et à mesure que les demandes devinrent plus nombreuses. De cette façon, elle empêcha les banques françaises d'envoyer à l'étranger, à titre de prêt, des sommes trop considérables qui eussent fait le vide en France et amené, à bref délai, une forte élévation du taux de l'escompte.

On objectera que, par ce moyen, la Banque protège peut-être son encaisse mais pas la circulation. C'est vrai, mais si elle ne l'appliquait pas, ses réserves métalliques perdraient au moins ce que la circulation elle-même se voit retirer par le trébuchage, et le résultat final serait le même pour le pays, mais pas pour la Banque qui a pour mission de sauvegarder le crédit national. N'est-il pas même logique d'admettre que le pays en souffrirait plus encore, puisque l'exigence d'une

[1]) Elle n'use pas de ce moyen lorsque l'exportation de l'or est à destination de pays nettement débiteurs. Elle sait que le métal jaune ainsi exporté reprendra certainement le chemin de la France et reviendra, dans un délai pas trop long, dans les caisses de la Banque. C'est pourquoi elle procure sans difficulté de l'or à l'Egypte ou au Brésil, pour leurs fournitures de cotons ou de cafés.

couverture double ou triple en effets ne serait pas là pour refréner les demandes d'or et qu'il est, somme toute, plus difficile de retirer une à une les pièces droites de la circulation que de les obtenir d'emblée de la Banque.

Mais, dira-t-on, la Banque pourrait peut-être obvier à ces inconvénients en relevant le taux de son escompte. C'est là précisément ce qu'elle veut éviter dans la mesure du possible, tant que les demandes d'argent ne sont pas dues aux besoins du pays, à un développement anormal de l'industrie, par exemple, et telle n'était pas la situation de l'industrie française en 1907.

La Banque, dans l'exigence d'une couverture multiple comme dans l'application de la prime sur l'or, se laisse guider par le même principe. Elle considère, ainsi qu'elle le déclare, le relèvement de l'escompte comme étant le seul moyen connu de défendre efficacement l'encaisse quand le resserrement monétaire devient trop intense. Elle ne se sert des deux autres mesures que comme palliatifs, rien de plus. . Qu'il s'agisse d'un besoin général, donc national aussi bien qu'étranger, elle recourt alors à la hausse de l'escompte qui doit être le baromètre monétaire du pays. En temps de forte activité industrielle, plusieurs relèvements successifs de l'escompte doivent être un avertissement, une exhortation à la prudence pour le monde des affaires. Dans un tel cas, il serait dangereux de recourir à des palliatifs à la longue inefficaces. Cette règle, l'administration de la Banque l'a suivie ainsi qu'il découle du compte-rendu de l'année 1899, page 10, où il est dit: «La nécessité du relèvement du taux de l'escompte était prévue depuis plusieurs mois; la reprise d'affaires que signalaient les comptes-rendus des années précédentes a fait de grands progrès en 1809, aussi bien en Allemagne, en Angleterre, aux Etats-Unis qu'en France.» La Banque de France porta donc son taux d'escompte de 3 à $3^1/_2{}^0/_0$, le 7 décembre 1899, et même à $4^1/_2{}^0/_0$, quinze jours plus tard.

Cet exposé nous montre que dans les dernières années, même si ce second palliatif avait été à la portée de la Reichsbank, celle-ci n'aurait pu raisonnablement en faire usage, l'essor industriel de l'Allemagne n'ayant guère cessé de s'accentuer alors que le commerce français se maintenait dans des limites normales. Mais, abstraction faite de la situation économique, la Reichsbank doit renoncer à l'exigence d'une couverture multiple pour les mêmes motifs qui l'empêchent de recourir à l'usage d'une prime sur l'or. L'existence de deux étalons est la condition primordiale de l'un comme de l'autre procédé.

3. Intervention en faveur d'une Banque d'émission étrangère.

Ce troisième moyen est également propre à la Banque de France qui, par sa situation pécuniaire très favorable et celle plus favorable encore du marché français, est tout particulièrement à même d'y recourir.

On sait[1]) que la Banque ne peut s'isoler du marché international et que les changes sur l'étranger exercent une influence considérable sur sa politique. Elle doit tenir compte de la situation monétaire des places de l'extérieur et surtout de la place de Londres qui est, comme l'a dit M. E. Théry, le «clearing-house des changes internationaux.» Lorsque le chèque se rapproche de 25 fr. 35, l'or français passe la Manche, bon gré mal gré. «La rémunération plus élevée qu'offre l'étranger aux capitaux disponibles a pour conséquence une tension générale des changes», lit-on dans le

---

[1]) Voir pages 46 et suivantes: le change et ses rapports avec l'escompte.

compte rendu de 1903[1]). C'est ainsi que le taux de l'escompte étant en 1900 en France de 3 %, en Allemagne de 7 % et en Angleterre de 6 %, il en est résulté une tendance à l'exportation de l'or français, tendance que la Banque de France a combattue par un moyen qu'elle doit avant tout à son encaisse formidable. Ce moyen, elle l'a employé à différentes reprises en 1890[2]), 1903, 1906 et en 1907.

«En 1903, en laissant couler à propos quelques dizaines de millions représentant une fraction minime de l'encaisse, la Banque de France a pu éviter à la fois un drainage plus dommageable encore de la circulation et un resserrement monétaire à Londres qui, par sa répercussion amplifiée sur l'ensemble des marchés solidaires, aurait pu nécessiter une élévation du taux de l'escompte en France[3]).»

«En 1906, la puissance du stock d'or de la Banque de France lui a permis de tenir momentanément à la disposition d'un pays voisin et ami les ressources métalliques nécessaires pour échapper à une tension monétaire qui aurait pu l'obliger rapidement à prendre des mesures défensives[4])», c'est-à-dire à relever son taux. Voici les faits auxquels ce passage se rapporte: Pendant l'exercice 1906, le marché anglais avait fourni 300 millions d'or aux Etats-Unis. Il a donc fallu les prendre dans les caisses les mieux approvisionnées et celles de la Banque de France l'avaient été particulièrement bien par les Américains eux-mêmes qui avaient apporté beaucoup de dollars en France au cours de cette même année. Vers la fin de l'année, l'Egypte et le Brésil drainèrent dans le Royaume-Uni les livres sterling en échange de cotons et cafés

---

[1]) Compte-rendu de la Banque de France paru en 1904, p. 4.

[2]) Voir page 27.

[3]) Compte-rendu de 1903 p. 5.

[4]) Compte-rendu de 1906 p. 7 et 8.

et la Banque de France, pour rétablir la parité des changes, n'hésita pas à prêter son aide à la Banque d'Angleterre. En un mois, elle lui expédia par divers intermédiaires 60 millions d'or, contre du papier anglais à 90 jours, à 4%, soit 1% de plus que le taux officiel français. Elle faisait donc un placement avantageux et conjurait un danger qui la menaçait indirectement.

«De cette façon la Banque de France ne donnait son or qu'à bon escient et avec la certitude de le diriger sur les points où son action devait être efficace, là où elle avait intérêt au point de vue même du commerce de la France, à prévenir une crise possible[1]).»

Enfin en 1907, au plus fort de la crise sévissant aux Etats-Unis, l'escompte subit en Angleterre et en Allemagne plusieurs élévations successives, uniques dans l'histoire des grandes banques. Le 1er novembre, l'escompte de la Bank of England passa de $4\frac{1}{2}$ à $5\frac{1}{2}$%, l'or anglais prenant la direction des Etats-Unis. Le 5 novembre eut lieu une deuxième élévation à 6% et malgré cela le 7 novembre, la Banque porta son taux à 7%.

La Reichsbank dut suivre cet exemple et son taux, quoique très élevé déjà, fut augmenté de 1% et atteignit $7\frac{1}{2}$%. La Banque de France, dont l'escompte était d'abord resté à 3%, haussa son taux de $\frac{1}{2}$%. Mais le 5 novembre elle avait retiré 75 millions de francs de son encaisse or et les avait mis à la disposition de la Bank of England contre le même montant en papier anglais à trois mois au taux de $4\frac{3}{4}$%, soit $1\frac{1}{4}$% de plus que le taux français. C'était une fois de plus l'application du même principe avantageux.

Dans son Compte-rendu de 1907, la Banque de France expose, en termes concis et clairs, le rôle atténuatif et modé-

[1]) Compte-rendu de 1906 p. 7 et 8.

rateur de son intervention en faveur de la Banque d'Angleterre. «L'élévation à $5^1/_2$ % du taux de l'escompte de la Banque d'Angleterre n'avait pas réussi à enrayer le drainage de l'or sollicité par la prime considérable qu'il avait faite en quelques heures, dans les principales villes des Etats-Unis.

Nous ne pouvions nous dissimuler qu'en présence d'une pareille panique — le numéraire ne manquant dans la circulation que parce qu'il se cachait dans les tiroirs — on n'obtiendrait aucun résultat pratique en procédant à des rehaussements successifs du taux de l'escompte, lesquels n'auraient pour effet que de déterminer un drainage de la circulation et de nous contraindre à atteindre, comme nos voisins, un taux d'escompte exorbitant[1]).»

La Banque de France ayant donc mis à la disposition de la Banque d'Angleterre des ressources suffisantes, celle-ci les achemina vers le marché de New-York. Les deux Banques collaborèrent ainsi à «l'œuvre de préservation des grands marchés régulateurs[1]).»

Grâce à cette politique bien comprise, la Banque de France épargna probablement à son pays un second relèvement du taux. Si la crise était devenue plus aiguë en Angleterre, le contre-coup aurait certainement mis les autres Banques d'Europe dans l'obligation d'accentuer encore le mouvement de hausse qui s'était manifesté dans leur taux d'escompte. C'est ainsi que les Banques des divers pays, solidaires les unes des autres, ont quelque peu profité de l'intervention de la Banque de France.

4. Portefeuille sur l'étranger.

Il existerait pour les Banques d'émission un autre moyen de modérer le taux de l'escompte, ce serait la constitution

[1]) Compte-rendu de 1907 p. 7.

d'un portefeuille sur l'étranger. Ce système, ainsi que nous l'avons exposé précédemment[1]), est pratiqué par la Reichsbank qui achète et revend les effets payables à l'étranger et circulant en Allemagne.

La Reichsbank escompte les effets étrangers depuis sa création en 1876. Elle ne fait d'ailleurs que suivre les traditions de la «Banque de Prusse» dont le portefeuille sur l'étranger s'élevait le 31 décembre 1875 à 5.640.925 marks, le portefeuille total montant à 461.845.000 marks.

En 1875, la „Preußische Bank" escompta 61226 effets sur l'étranger pour 74.478.247 marks.

La Reichsbank escompta, en chiffres ronds:

Année	Nombre d'effets	Valeur en millions de marks
1876	4.377	17,6
1880	7.582	57,3
1885	9.748	77,2
1890	11.313	63,9
1895	13.793	54
1900	20.989	211,7
1905	33.063	229
1906	37.668	291,8
1907	39.483	268,1

Grâce à ce portefeuille, la Banque, au lieu de remettre du numéraire, peut déliver, à ceux qui veulent effectuer des règlements à l'étranger, du papier sur le pays créditeur.

Les statuts de la Banque de France ne lui interdisent nullement de procéder comme le fait la Reichsbank, mais elle n'usa pas tout d'abord de cette faculté. Aussi certains législateurs, estimant qu'il y allait de l'intérêt général, auraient-ils voulu contraindre la Banque à acheter du papier sur l'étranger pour qu'elle soit plus à même de défendre in-

[1]) Voir pages 57 et 58.

directement son encaisse métallique en revendant ce papier à ceux qui en ont besoin pour payer à l'étranger. Ceux-ci, en effet, à défaut de papier, doivent exporter de l'or et s'adressent probablement à la Banque pour en obtenir.

En 1892, M. Hubbard déposa à la Chambre française un amendement proposant que la Banque de France créât un portefeuille sur l'étranger qui, disait-il, «aurait l'avantage de faciliter les remises de nos nationaux sur les places étrangères, en cas de changes défavorables, et de permettre, selon les besoins, de se procurer de l'or dans les divers pays sur lesquels la Banque aurait du change tiré[1]).»

Cet amendement ne fut pas même discuté et, en 1897, lorsque le privilège de la Banque fut prorogé jusqu'en 1920, personne n'aborda de nouveau cette question.

M. Paul Loubet, dans son précieux ouvrage sur la Banque de France et l'escompte pense que «la constitution d'un portefeuille solide sur l'étranger présente des inconvénients qui rendent irréalisable cette réforme. Les difficultés pratiques de cette innovation, les risques que la Banque pourrait courir selon les modifications du taux de l'escompte des places tirées donneraient à l'opération un caractère aléatoire qui suffirait à l'écarter[2])».

Nous ne croyons pas que les difficultés pratiques soient telles qu'elles empêchent la réalisation de cette réforme. L'exemple de la „Preußische Bank" et celui de la Reichsbank sont là pour nous prouver la possibilité de cette mesure. Quant aux risques que courrait la Banque du chef des variations de l'escompte à l'étranger, il faut tenir compte que

1°) si un relèvement de l'escompte peut entraîner une réduction de bénéfices, peu considérable d'ailleurs, une dimi-

---

[1]) P. Loubet. La Banque de France et l'escompte. p. 130.

[2]) „ „ . id. p. 131.

nution produirait un effet contraire[1]). On ne peut guère envisager une seule de ces deux éventualités et négliger l'autre. Il y aurait donc compensation;

2°) les modifications de l'escompte sont rarement imprévues. La Banque, maîtresse absolue de ses placements, pourrait au besoin, lorsqu'une variation prochaine du taux étranger serait probable, agir en sorte de ne pas subir de préjudice par la réalisation de ce fait prévu. Il lui serait donc loisible soit de restreindre provisoirement l'escompte des effets du pays en question, soit de n'escompter que conditionnellement, c'est-à-dire à charge pour le vendeur de rembourser la différence qui résulterait, par exemple, d'une élévation du taux étranger. Ajoutons que la Reichsbank ne recourt pas même à ces mesures d'exception, ce qui prouve qu'elles ne sont guère nécessaires;

3°) l'escompte d'effets sur l'étranger est surtout profitable pour les pays qui, comme la France, jouissent presque constamment d'un taux d'escompte inférieur à celui des autres marchés, puisqu'alors le portefeuille sur l'étranger est placé à un intérêt plus élevé que le portefeuille indigène. C'est dire que la plupart du temps une augmentation de l'escompte étranger pourrait provoquer, en ce qui concerne les effets en portefeuille, tout au plus une restriction des bénéfices de la Banque de France, mais nullement une perte par rapport au taux français. Et puis, ce relèvement aurait pour suite immé-

---

[1]) Par exemple, la Banque de France escompterait un effet allemand ayant encore un mois à courir, au taux de 6 %. Elle ne payerait au vendeur que les 99,5 % de la valeur du papier puisqu'elle retiendrait $^1/_{12}$ de 6 % ou $^1/_2$ %. Le même jour, la Banque revendrait l'effet alors que l'escompte allemand vient d'être abaissé à 4 %, elle exigerait les 99,77 % du montant nominal de l'effet puisqu'elle décompterait $^1/_{12}$ de 4 % ou $^1/_3$ %.

diate un accroissement dans le rendement des nouvelles entrées en portefeuille.

A ce point de vue, la Reichsbank, avec son taux relativement élevé, se trouve dans une situation bien moins favorisée que la Banque de France, ce qui ne l'empêche pas de pratiquer l'escompte des effets sur l'étranger.

Enfin, le principal argument qui plaide en faveur du portefeuille sur l'étranger, c'est qu'il est convertible en or, le seul métal employé dans les règlements internationaux.

Voici ce qui dit à ce sujet M. E. van der Smissen, en parlant de la Banque nationale de Belgique, dans son intéressant ouvrage sur le chèque et la compensation:

«Que se passe-t-il à l'échéance des effets du portefeuille indigène? Le commerçant rend à la Banque ce qu'elle lui a donné, des billets de banque: le passif de la Banque se trouve diminué d'autant, ses moyens de libération vis-à-vis des porteurs de banknotes n'en sont pas augmentés le moins du monde.

Il en est tout autrement du portefeuille étranger. Celui-ci, au contraire, transforme les billets en numéraire à l'échéance. Car ce portefeuille représente de créances de commerçants belges payables à l'étranger et toujours endossées par des maisons de banque de premier ordre. Ce qui revient à ceci: au moment où ces créances ont été présentées à l'escompte, la Banque a payé en banknotes; au moment de l'échéance elle disposera, si elle le veut, de numéraire étranger[1]).»

M. van der Smissen se demande ensuite «si le portefeuille étranger vaudrait encore de l'or en temps de crise grave, de grande guerre continentale, par exemple.» Or, en 1870, la Banque nationale de Belgique a pu réaliser en dix jours

[1]) E. van der Smissen: Le chèque et la compensation. p. 49. Bruxelles 1902. Librairie Falk fils.

son portefeuille étranger. L'expérience, on le voit, paraît démontrer qu'une telle éventualité n'a, sous ce rapport, rien de bien redoutable[1]).

Il semble donc presque certain qu'une Banque d'émission peut, sans s'exposer, avoir un portefeuille sur l'étranger.

Tout autre est le point de savoir si ce portefeuille est un moyen vraiment efficace de modérer le taux de l'escompte.

La hausse des changes, indice de l'accroissement des dettes d'un pays par rapport à ses créances, tend à entraîner le relèvement de l'escompte.

Or le fait de réunir dans un même portefeuille un grand nombre d'effets sur l'étranger n'améliore pas la situation générale du marché. Il y a simplement concentration, non accroissement des titres de créances, c'est-à-dire que le rapport de l'offre à la demande ne change pas. Ce qu'il faudrait pour amener une détente des changes, c'est modifier la cause qui a produit leur hausse. Le portefeuille sur l'étranger n'étant qu'une des multiples manifestations de la situation du marché, non sa cause déterminante, ne pourrait donc agir que d'une façon peu durable sur les changes.

Faut-il conclure de cette inefficacité presque absolue l'inutilité d'une telle pratique?

Non, car elle présente parfois un placement avantageux pour la Banque. Non, car elle vient en aide aux commerçants en relations avec l'étranger et elle favorise les transactions de pays à pays. L'importateur comme l'exportateur en tirent profit. L'un peut régler aisément ses achats, l'autre peut, avec la même facilité, recouvrer ses créances.

---

[1]) M. van der Smissen fait toutefois observer, avec justesse, qu'en 1870, «sous l'empire du bimétallisme, l'or était gardé moins jalousement par les grandes banques.» op. cit. p. 50.

D'ailleurs, insuffisante pour influer sur les changes, la constitution d'un portefeuille sur l'étranger contribue quand même à protéger quelque temps l'encaisse or des banques et, sous ce rapport, peut exercer une action modératrice passagère sur le taux de l'escompte qui dépend, il est vrai, des changes mais aussi de l'importance des réserves métalliques dont dispose la Banque.

La Banque ayant acheté des créances sur l'étranger, peut avoir conservé le montant de l'achat en compte courant, peut l'avoir versé en billets ou en écus d'argent. En revendant ces effets, elle empêche souvent une sortie d'or qui, sans cela, aurait lieu afin de permettre aux débiteurs envers l'étranger d'acheter, non plus à la Banque d'émission cette fois, les effets dont ils ont besoin pour s'acquitter. Au contraire, la vente ou l'encaissement des effets peut produire une entrée d'or qui est susceptible d'agir dans un sens favorable sur l'encaisse de la Banque et, par ricochet, sur le taux de l'escompte.

M. Loubet, dans l'ouvrage cité, dit que «la crainte seule que les banques étrangères ne recourussent à ce même procédé serait suffisante à le faire écarter[1])».

Mais, en revanche, le fait pour les Banques étrangères d'appliquer cette mesure n'entraîne-t-il pas, comme conséquence première, la nécessité d'y répondre par une réforme analogue? Certes, car alors il ne s'agit plus d'empiéter sur le terrain d'autrui mais de défendre son propre terrain. Il y a obligation de contre-balancer les inconvénients qui proviennent de la création à l'étranger d'un portefeuille international.

La Reichsbank possédant un portefeuille de ce genre, il serait donc logique que la Banque de France ait finalement suivi son exemple.

---

[1]) P. Loubet, op. cit. p. 132.

Le Compte-rendu de 1906 de la Banque de France dit, textuellement, «usant de la faculté qui nous est laissée par nos statuts d'escompter des effets sur l'étranger, nous avons substitué ces effets à une égale quantité d'or dirigée sur les points où de légitimes besoins appelaient notre concours momentané. La constitution d'un portefeuille sur l'étranger, fait prévu d'ailleurs dans notre bilan, n'avait été envisagée par les banques d'émission que comme un moyen de défendre les réserves métalliques en cas d'élévation des changes. La puissance de notre stock d'or nous a permis d'y voir au contraire le moyen de tenir à la disposition d'un pays ami les ressources métalliques nécessaires pour échapper à une tension monétaire qui aurait pu nous obliger à prendre des mesures défensives[1].»

Nous avons exposé précédemment pourquoi nous croyions à l'inefficacité de ce procédé comme moyen d'empêcher l'élévation des changes et le Compte-rendu ne nous donne, sous ce rapport, aucun démenti.

Mais il confirme que certaines banques d'émission voient dans le portefeuille sur l'étranger un organisme protecteur de leur encaisse or, puisqu'elles l'envisagent comme «un moyen de défendre les réserves métalliques en cas d'élévation des changes».

Quant à l'autre but auquel le passage cité fait allusion, c'est celui dont nous avons parlé au sujet de l'intervention d'une banque en faveur d'une banque étrangère. Il s'agit simplement d'un service occasionnel, rendu en temps de crise.

Ceci nous montre la grande différence existant entre le portefeuille étranger de la Reichsbank, accessible à tous les effets étrangers satisfaisant aux conditions d'admission, et

[1]) Compte-rendu de 1906, paru en 1907, p. 7 et 8.

celui de la Banque de France, qui ne résulte que d'une mesure toute passagère, avec une intention d'intervention bien déterminée. Son portefeuille étranger n'a pas été créé en vertu de règles statutaires, puisque les statuts ne le prévoient point. Pour ce motif, ils ne l'interdisent pas non plus. Quant au fonctionnement de cet escompte, il n'est, par la même raison, soumis à aucune réglementation bien définie comme c'est le cas pour la Reichsbank. Il est régi un peu arbitrairement par le Comité d'Escompte qui n'y recourt que dans les circonstances exceptionnelles exposées au chapitre précédent.

Le dernier Compte-rendu de 1907 vient corroborer cette opinion: «Nous avons, dans le même esprit de solidarité que l'année précédente, assuré au marché de Londres une disponibilité de plus de 80 millions de francs en monnaies d'or américaines. Notre bilan se trouve ainsi comporter, pour la seconde fois et pour un court délai, un portefeuille étranger[1])». Il s'agit donc bien d'une mesure ayant un caractère provisoire, non d'une institution permanente et publique à l'exemple de la Reichsbank.

XII. La limitation de l'émission.

Nous avons mentionné[2]) que la limitation propre au système français n'avait rien de vexatoire pour la Banque de France et qu'elle se justifiait pleinement, tandis que les prescriptions de la loi allemande entravaient souvent la liberté d'action de la Reichsbank. Nous allons voir comment.

---

[1]) Compte-rendu de 1907, p. 8.

[2]) Voir p. 25.

La loi de l'Empire, nous l'avons dit[1]), établit deux modes de restriction à l'émission. Elle détermine d'abord que l'encaisse atteindra au moins le tiers de la circulation, le surplus étant représenté par le portefeuille. Une telle garantie est-elle bien nécessaire? De même que la Banque de France, qui n'est soumise à aucune prescription de ce genre, la Reichsbank a toujours eu une encaisse de beaucoup supérieure au tiers de l'émission. Elle a été rarement de 60 %, presque toujours de 70 à 90 %[2]). L'expérience montre qu'en général une banque d'émission privilégiée, sous la surveillance de l'Etat, pour ne pas s'exposer à se voir retirer son privilège, se gardera bien de faire naître des doutes quant au remboursement de ses billets; elle s'assurera une encaisse propre à dissiper toute inquiétude. La restriction imposée à la circulation, en la proportionnant à l'encaisse, n'est même peut-être pas sans danger, du moins théoriquement, car, supposons la limite atteinte ou presque, mais non dépassée, que ferait alors la Banque si un certain nombre de détenteurs de billets, pour un motif quelconque, réclamaient le remboursement. Elle ne pourrait ni refuser ni porter son encaisse au-dessous du minimum légal.

Le deuxième mode de restriction prescrit par la loi allemande est celui de la réglementation indirecte qui tient le milieu entre la liberté absolue et la limitation étroite appliquée à la circulation de la Banque d'Angleterre.

Quel est le but de l'impôt de 5 %? Ni les commentaires de la loi ni les débats du Reichstag ne le font nettement connaître. Il semble cependant résulter des travaux préliminaires en commission que le législateur a voulu éviter par

---

1) Voir pages 18 et suivantes.

2) Voir p. 69, tableau de l'encaisse et de la circulation, rapport en %.

là une exploitation exagérée et antiéconomique du privilège de l'émission.

En d'autres termes, l'impôt doit contraindre la Banque, lorsque sa réserve métallique diminue sensiblement alors que sa circulation augmente dans une certaine mesure, à élever à 5 % au moins le taux officiel de l'escompte. Dès que, en effet, l'émission devient imposable, l'escompte ne peut être, pour la Banque, une source de profits, si minimes soient-ils, que si le taux dépasse 5 %, c'est-à-dire la redevance due à l'Etat. Une élévation suffisante de l'escompte, ayant pour conséquence une restriction du portefeuille, agit comme un frein sur la sortie des billets et, grâce aux rentrées résultant des effets échus, permet d'arrêter la diminution de l'encaisse.

Ce système présente, à un degré moindre, le défaut de la combinaison anglaise. Tous deux méconnaissent le rôle essentiel des banques d'émission, qui est de régler la circulation monétaire du pays[1]). La Banque doit, comme organisme régulateur, élargir la circulation fiduciaire lorsque les demandes de fonds, par l'escompte, deviennent plus actives, de même qu'elle doit la restreindre et recueillir les capitaux flottants quand une détente se produit. Dans le premier cas, celui d'un resserrement monétaire, elle n'agira de cette façon que si les demandes répondent à un essor économique normal. Le fonctionnement idéal de la circulation serait donc: donner satisfaction aux besoins nationaux provenant d'une situation saine et refréner les demandes suscitées par une crise en formation.

---

[1]) Loi du 14 mars 1875. § 12: Unter dem Namen ‚Reichsbank' wird eine unter Aufsicht und Leitung des Reiches stehende Bank errichtet, «welche die Aufgabe hat, den Geldumlauf im gesamten Reichsgebiete zu regeln.» (La Reichsbank a pour mission de régler la circulation de l'argent dans tout l'Empire.)

Or la loi allemande ne fait précisément pas de distinction entre l'extension de la circulation due à un développement régulier de l'industrie et du commerce et l'exagération de la circulation, conséquence d'une situation critique, de la crainte d'une crise, par exemple, ou même d'une crise survenue dans un autre pays.

L'excédent exonéré attribué à la Reichsbank étant à présent de 472 millions de marks, supposons une encaisse de 1500 millions et une émission de 2 milliards: 28 millions[1]) seraient soumis à l'impôt de 5 % et cependant la couverture métallique de 75 % serait tout à fait normale.

Mais sur une encaisse de 350 millions de marks et une émission de 720 millions, toute cette émission échapperait à l'impôt, bien que la garantie tombât cette fois à 48,61 %.

Ne semble-t-il pas logique, si l'on accorde l'exonération dans le deuxième cas, de la concéder également dans le premier?

Il faut dire à la décharge de la Reichsbank que, contrairement à l'esprit de la loi, elle n'a pas toujours porté son escompte à 5 % dès qu'elle a dû payer l'impôt. Elle a parfois, quand elle jugea les conditions du marché normales, en dépit de l'accroissement des demandes d'argent, préféré supporter en partie cet impôt et escompter à perte, c'est-à-dire au-dessous de 5 %. Mais elle ne l'a pas toujours fait[2]), ainsi que le prouve le tableau suivant que nous avons établi en nous basant sur les chiffres des rapports officiels.

---

1) 2000 millions — (1500 + 472) millions = 28 millions.

2) Les pouvoirs publics ont bien accordé, depuis 1875, un certain accroissement de l'excédent libre (voir p. 19) mais le vigoureux développement économique de l'Allemagne a suivi une progression telle que cet accroissement est tout à fait insuffisant.

Date des excédents imposables	Montant de l'excédent imposable (millions)	Escompte officiel 5 % au moins	Escompte officiel moins de 5 %	Proportion [1]
31. XII. 1881	26	5	—	0/1
30. IX. 1882	19	5	—	0/2
7. X. »	12	5	—	
31. XII. 1884	32	—	4	1/1
7. I. 1885	2	—	4	1/1
31. XII. 1896	34	5	—	0/1
30. IX. 1889	71	—	4	2/3
7. X. »	45	—	4	
31. XII. »	109	5	—	
7. I. 1890	50	5	—	0/6
30. IX. »	91	5	—	
7. X. »	104	5	—	
15. X. »	33	5½	—	
31. X. »	18	5½	—	
31. XII. »	26	5½	—	
30. IX. 1893	38	5	—	0/1
30. IX. 1895	46	—	3	3/3
7. X. »	20	—	3	
31. XII. »	148	—	4	
7. III. 1896	35	—	3	5/6
31. III. »	44	—	3	
30. VI. »	34	—	3	
30. IX. »	119	—	4	
7. X. »	78	—	4	
31. XII. »	134	5	—	
7. I. 1897	31	5	—	4/9
31. III. »	12	—	3½	
30. VI. »	28	—	3	
30. IX. »	205	—	4	
7. X. »	171	—	4	
15. X. »	70	5	—	
31. X. »	39	5	—	
7. XI. »	7	5	—	
31. XII. »	172	5	—	
7. I. 1898	60	5	—	6/16
30. III. »	70	—	3	
7. IV. »	20	—	3	
30. VI. »	129	—	4	
7. VII. »	65	—	4	
30. IX. »	276	—	4	
7. X. »	241	—	4	
15. X. »	167	5	—	

Date des excédents imposables	Montant de l'excédent imposable (millions)	Escompte officiel 5 % au moins	Escompte officiel moins de 5 %	Proportion [1]
22. X. 1898	101	5	—	De 1881 à 1898 : 22/50
31. X. »	155	5	—	
7. XI. »	130	5	—	
15. XI. »	74	5½	—	
23. XI. »	6	6	—	
30. XI. »	36	6	—	
24. XII. »	30	6	—	
31. XII. »	282	6	—	
7. I. 1899	147	6	—	3/20
15. I. »	34	6	—	
31. III. »	109	—	4½	
7. IV. »	52	—	4	
30. VI. »	138	—	4½	
7. VII. »	95	5	—	
23. IX. »	0,5	6	—	
30. IX. »	371	6	—	
7. X. »	283	6	—	
15. X. »	204	6	—	
23. X. »	125	6	—	
31. X. »	187	6	—	
7. XI. »	146	6	—	
15. XI. »	101	6	—	
23. XI. »	52	6	—	
30. XI. »	89	6	—	
7. XII. »	70	6	—	
15. XII. »	50	6	—	
23. XII. »	136	7	—	
30. XII. »	337	7	—	
7. I. 1900	209	7	—	0/20
15. I. »	47	6	—	
31. III. »	238	5½	—	
7. IV. »	134	5½	—	
15. IV. »	42	5½	—	
30. IV. »	33	5½	—	
30. VI. »	158	5½	—	
7. VII. »	41	5½	—	
30. IX. »	292	5	—	
7. X. »	248	5	—	
15. X. »	131	5	—	
23. X. »	66	5	—	
31. X. »	138	5	—	
7. XI. »	116	5	—	

[1] La colonne «proportion» indique, sous forme de fraction, le rapport existant, par année, entre le nombre d'excédents imposables cor-

Date des excédents imposables	Montant de l'excédent imposable (millions)	Escompte officiel 5 % au moins	Escompte officiel moins de 5 %	Proportion
15. XI. 1900	54	5	—	
30. XI. »	23	5	—	
7. XII. »	2	5	—	
15. XII. »	9	5	—	
23. XII. »	72	5	—	
31. XII. »	355	5	—	
7. I. 1901	65	5	—	Entrée en vigueur de la loi de 1899
31. III. »	16	—	$4^1/_2$	
30. IX. »	108	—	4	
7. X. »	39	—	4	4/5
31. XII. »	108	—	4	
30. IX. 1902	151	—	3	
7. X. »	76	—	3	3/3
31. XII. »	231	—	4	
7. I. 1903	72	—	4	
31. III. »	125	—	$3^1/_2$	
7. IV. »	27	—	$3^1/_2$	
30. VI. »	44	—	4	7/7
30. IX. »	153	—	4	
7. X. »	74	—	4	
31. XII. »	274	—	4	
7. I. 1904	99	—	4	
31. III. »	166	—	4	
7. IV. »	16	—	4	
30. VI. »	105	—	4	6/8
30. IX. »	305	—	4	
7. X. »	179	—	4	
15. X. »	28	5	—	
31. XII. »	173	5	—	
31. III. 1905	21	—	3	
30. VI. »	98	—	3	
30. IX. »	450	—	4	
7. X. »	268	5	—	
14. X. »	142	5	—	3/9
23. X. »	25	5	—	
31. X. »	146	5	—	
7. XI. »	75	$5^1/_2$	—	
30. XII. »	355	6	—	
6. I. 1906	149	6	—	
31. III. »	233	5	—	
7. IV. »	46	5	—	
30. VI. »	282	—	$4^1/_2$	

Date des excédents imposables	Montant de l'excédent imposable (millions)	Escompte officiel 5 % au moins	Escompte officiel moins de 5 %	Proportion
7. VII. 1906	89	—	$4^1/_2$	
29. IX. »	505	5	—	
6. X. »	398	5	—	
15. X. »	230	6	—	
23. X. »	116	6	—	
31. X. »	222	6	—	2/17
7. XI. »	153	6	—	
15. XI. »	67	6	—	
30. XI. »	98	6	—	
7. XII. »	91	6	—	
15. XII. »	99	6	—	
22. XII. »	191	7	—	
31. XII. »	572	7	—	
7. I. 1907	332	7	—	
15. I. »	88	7	—	
31. I. »	22	6	—	
30. III. »	400	6	—	
6. IV. »	206	6	—	
15. IV. »	10	6	—	
30. IV. »	47	$5^1/_2$	—	
29. VI. »	330	$5^1/_2$	—	
6. VII. »	200	$5^1/_2$	—	
15. VII. »	34	$5^1/_2$	—	
31. VII. »	26	$5^1/_2$	—	
31. VIII. »	19	$5^1/_2$	—	
30. IX. »	513	$5^1/_2$	—	0/25
7. X. »	395	$5^1/_2$	—	
15. X. »	234	$5^1/_2$	—	
23. X. »	129	$5^1/_2$	—	
31. X. »	291	$6^1/_2$	—	
7. XI. »	246	$6^1/_2$	—	
15. XI. »	174	$7^1/_2$	—	
23. XI. »	109	$7^1/_2$	—	
30. XI. »	261	$7^1/_2$	—	De 1899 à 1907
7. XII. »	208	$7^1/_2$	—	
14. XII. »	195	$7^1/_2$	—	
23. XII. »	269	$7^1/_2$	—	28/114
31. XII. »	625	$7^1/_2$	—	
				De 1881 à 1907 50/164

respondant à un taux inférieur à 5 % (numérateur) et le nombre total des excédents imposables (dénominateur).

De 1881, date du tout premier excédent imposable, à 1898, soit pendant 18 ans, sur 50 excédents soumis à la taxe, 22 ont coïncidé avec un escompte inférieur à 5 %.

De 1899 (année où cependant une loi porta l'excédent exonéré de 293,4 à 450 millions) à 1907, soit pendant 9 ans, sur 114 excédents imposés, 28 seulement correspondent à un escompte de moins de 5 %.

On constate, d'une part, la fréquence sans cesse croissante des excédents taxés, d'autre part, la décroissance continue de ceux de ces excédents qui répondent à un taux inférieur à 5 %. Les dernières années sont même tout à fait caractéristiques sous ce rapport:

	1902	1903	1904	1905	1906	1907
Fréquence	3	7	8	9	17	25
Coïncidence de l'impôt avec un escompte inférieur à 5 %	3	7	6	3	2	0
Rapport de l'encaisse à la circulation	79.88 %	72.47 %	71.92 %	72.84 %	64.23 %	57.03 %

Ces résultats montrent à suffisance que l'impôt de 5 %, ne tenant pas compte de la marche ascendante des affaires en Allemagne, contrarie la politique de la Reichsbank en l'obligeant de plus en plus à maintenir son escompte à 5 % au moins, même lorsque l'encaisse de la Banque et le marché de l'argent n'inspirent aucune inquiétude.

On arrive à la même conclusion en consultant la statistique du développement de la circulation en général et de la circulation non imposable:

Année	Circulation moyenne (Millions de marks)	Excédent exonéré (Millions de marks)
1876	684	250
1880	735	273
1890	983	293
1900	1138	450
1906	1387	472
1907	1478	472

La circulation a subi depuis 1876 un accroissement de 216 % et l'excédent libre, de 188 % seulement. L'écart est d'autant plus sensible que l'excédent de 1876 s'était bientôt révélé trop petit et que même une augmentation de 160 millions à peu près, en 1899, n'a guère produit qu'un effet tout relatif, puisque la limite ainsi reculée a quand même été franchie 4 fois en 1901, 3 fois en 1902 et que, depuis lors, nous venons de le montrer, ces surcroîts de circulation n'ont fait que devenir de plus en plus fréquents. Aussi, sans être grand prophète, peut-on prévoir que la prochaine prorogation du privilège amènera un nouvel élargissement du champ de l'émission libre. Qui sait si le Reichstag ne se prononcera pas pour l'application d'un autre système de réglementation? Ce serait, à notre avis, agir sagement que de supprimer l'entrave actuelle qui, quoi qu'on en dise, est nuisible. L'administration de la Reichsbank a d'ailleurs elle-même reconnu ouvertement, en 1897, que ce système d'impôt l'avait obligée à porter l'escompte à 5 %, alors que les affaires du pays prospéraient d'une façon toute normale, tout en ajoutant que d'autres circonstances, par exemple le manque de ressources pécuniaires du pays, avaient accentué l'influence préjudiciable de la taxe[1]).

---

[1]) Dr. Schwalenberg. op. cit. p. 12: Die Verwaltung der Reichsbank hat in der „Berliner Korrespondenz" Nr. 6 vom 11. Januar 1897 wörtlich ausgeführt: „Dieses System der sogenannten indirekten Kontingentierung der Notenausgabe ist es, welches neben dem geringeren Reichtum des Landes, dem eben deshalb und bei längerer Laufzeit der Wechsel vermehrten Risiko und dann im letzten Jahre bei uns verhältnismäßig größerem Aufschwung der Industrie und des Handels den Diskont zu der übrigens nicht exorbitanten Höhe von 5 % gesteigert hat." Donc: «verhältnismäßig größerer Aufschwung», un développement industriel qui n'a rien d'exagéré, qui doit être favorisé comme étant normal, profitable au pays, et cependant le système de la limitation indirecte, c'est-à-dire la taxe légale sur l'excédent, a con-

Une déclaration que fit M. le comte Posadowsky dans une séance du Reichstag, en 1907, est, il faut bien le constater, en contradiction avec cet aveu de la Reichsbank[1]).

Admettons toutefois que depuis 1897, la Reichsbank, comme l'a affirmé l'honorable Secrétaire d'Etat «n'ait jamais élevé son escompte pour se couvrir de l'impôt», il en résulte alors que cet impôt, grâce à la sage gestion de la Reichsbank, serait une mesure de sauvegarde tout à fait superflue.

Resterait donc uniquement sa justification au point de vue fiscal. Mais d'abord, il est pour l'Etat une ressource bien incertaine, forte certaines années, manquant totalement ou presque d'autres fois. Et puis, le législateur, qui a voulu donner à cette taxe le caractère d'une amende cachée, a établi un système d'impôts réguliers indépendant du revenu de la taxe: c'est la redevance résultant d'une participation directe de l'Etat aux bénéfices de la Banque et qui est d'un rapport de beaucoup supérieur au prélèvement sur l'excédent imposable, encore que ce dernier ait augmenté considérablement depuis quelques années[2]).

Nos préférences, on le comprend, vont au système français de redevances à l'Etat, fondé, comme il a été dit, sur le taux de l'escompte, à l'exclusion de toute limitation indirecte de la circulation ou de toute participation directe et proportionnelle

---

tribué à élever l'escompte à 5 % et probablement même au-delà (5 1/2 et 6 % en 1898, 6 et 7 % en 1899).

[1]) Séance du Reichstag du 4 mars 1907. Discours de M. le Comte Posadowsky, secrétaire d'Etat: „Wenn die Reichsbank den Diskont erhöht, so tut sie es nicht allein, um sich Goldreserven zu schaffen, sondern mit Rücksicht auf die allgemeinen wirtschaftlichen Verhältnisse. Die Abschaffung der Notensteuer ist eine Maßregel, die keinen Erfolg haben würde. Die Reichsbank hat nie aus fiskalischen Gründen, um die Notensteuer zu bezahlen, den Bankdiskont erhöht."

[2]) Voir tableau p. 171.

de l'Etat aux bénéfices. Le mode de prélèvement appliqué à la Banque de France agit comme modérateur sur le taux sans contrecarrer son relèvement lorsque les circonstances l'exigent absolument, notamment lorsque l'encaisse est sérieusement menacée.

XIII. Domination du marché.

Nous avons vu que plus la différence entre le taux de l'escompte officiel et le taux privé s'accroît, moins la Banque d'émission est à même d'apprécier assez exactement la situation du marché des effets et de l'argent disponible[1]). La Banque doit dominer le marché pour empêcher tout écart démesuré entre les deux taux qui l'exclurait presque complètement des affaires sérieuses. La domination que la Banque exercera sur le marché doit, pour être parfaite, être telle que toute augmentation ou diminution du taux officiel soit suivie aussitôt d'une modification dans le même sens du taux privé.

La Reichsbank et la Banque de France ont, en général, une autorité suffisante pour agir sur le marché privé de l'escompte. Au pis aller, elles peuvent d'ailleurs recourir à des mesures coercitives, en vue de modifier le rapport de l'offre à la demande, de rapprocher le taux privé du taux officiel et d'éviter ainsi que le marché n'échappe à leur domination.

Si l'on se borne à examiner les situations comparées des taux officiels et privés, on constate que des trois grandes banques d'émission d'Europe, la Banque de France est celle qui exerce l'action la plus énergique. M. J. Landmann a montré[2]) que, de 1890 à 1897, à raison d'une constatation par

[1]) Voir p. 42.

[2]) Dr. J. Landmann. System der Diskontpolitik. p. 110 et suivantes.

semaine, c'est-à-dire en se basant sur un ensemble de 416 constatations, l'écart des taux a été:

Ecarts	Nombre de fois: à Paris	à Berlin	à Londres
de 0 à ½%	303	129	97
de ½ à 1%	80	119	124
de 1 à 1½%	31	126	176
de 1½ à 2%	2	40	17
de plus de 2	—	2	2
	416	416	416

Nous avons fait un travail analogue pour les années 1898 à 1907 en ce qui concerne les marchés de Berlin et de Paris[1]). Voici les résultats obtenus pour 521 semaines, soit une constatation tous les huit jours.

Nombre de fois que l'écart des taux a été:

	à Paris, de					à Berlin, de				
	½% au plus	plus de ½% à 1%	plus de 1% à 1½%	plus de 1½% à 2%	plus de 2%	½% au plus	plus de ½% à 1%	plus de 1% à 1½%	plus de 1½% à 2%	plus de 2%
1898	52	1	—	—	—	18	25	7	3	—
1899	50	—	1	—	—	26	16	9	—	—
1900	52	—	—	—	—	11	28	9	4	—
1901	30	14	8	—	—	5	27	15	5	—
1902	21	21	10	—	—	4	18	28	2	—
1903	47	5	—	—	—	22	17	7	5	1
1904	27	8	5	13	—	2	23	25	3	—
1905	17	11	19	5	—	5	32	8	6	1
1906	45	7	—	—	—	4	24	13	11	—
1907	52	—	—	—	—	12	24	11	5	—
	393	67	43	18	—	109	234	132	44	2
C'est-à-dire:										
de 1898 à 1902:	205	36	19	—	—	64	114	68	14	—
de 1903 à 1907:	188	31	24	18	—	45	120	64	30	2

[1]) Voir aux annexes les tableaux détaillés, fondés sur les données hebdomadaires de la revue anglaise: The Economist (Granville House,

On voit que pendant les cinq dernières années, les deux Banques ont moins dominé le marché que pendant les cinq années précédentes. Cependant, abstraction faite de deux années exceptionnelles (1904 et 1905), la situation du marché de Paris n'a guère varié et s'est même rapprochée de l'idéal en 1907. On ne pourrait en dire autant du marché de Berlin, surtout si l'on compare les résultats ci-dessus, par périodes de 8 années, avec les chiffres de 1890 à 1897:

Ecarts à Berlin:

	1/2 % au plus	plus de 1/2 % à 1 %	plus de 1 % à 1 1/2 %	plus de 1 1/2 % à 2 %	plus de 2 %	Total
de 1890 à 1897	129	119	126	40	2	416
de 1898 à 1905	93	186	108	28	2	417
de 1900 à 1907	65	193	116	41	2	417

Enfin le diagramme suivant, basé sur les données du tableau pour l'année 1907[1]), fait ressortir d'une façon frappante la dépendance étroite que existe à Paris entre les taux officiel et privé et l'opposition de cette situation avec celle du marché de Berlin.

Il semble que le marché français ne subisse aucune contrainte et règle le taux privé, de son plein gré, sur le taux officiel. Ceci prouverait que la Banque de France apprécie à leur juste valeur les conditions du marché, que son taux répond bien au rapport de l'offre à la demande du marché en général et cette constatation est le meilleur argument qu'on puisse invoquer pour justifier la stabilité du taux de l'escompte officiel à Paris.

Arundel-Street, London, Années 1898—1897) et sur les indications des rapports officiels de la Reichsbank et des Comptes-rendus de la Banque de France.

1) Voir p. 201.

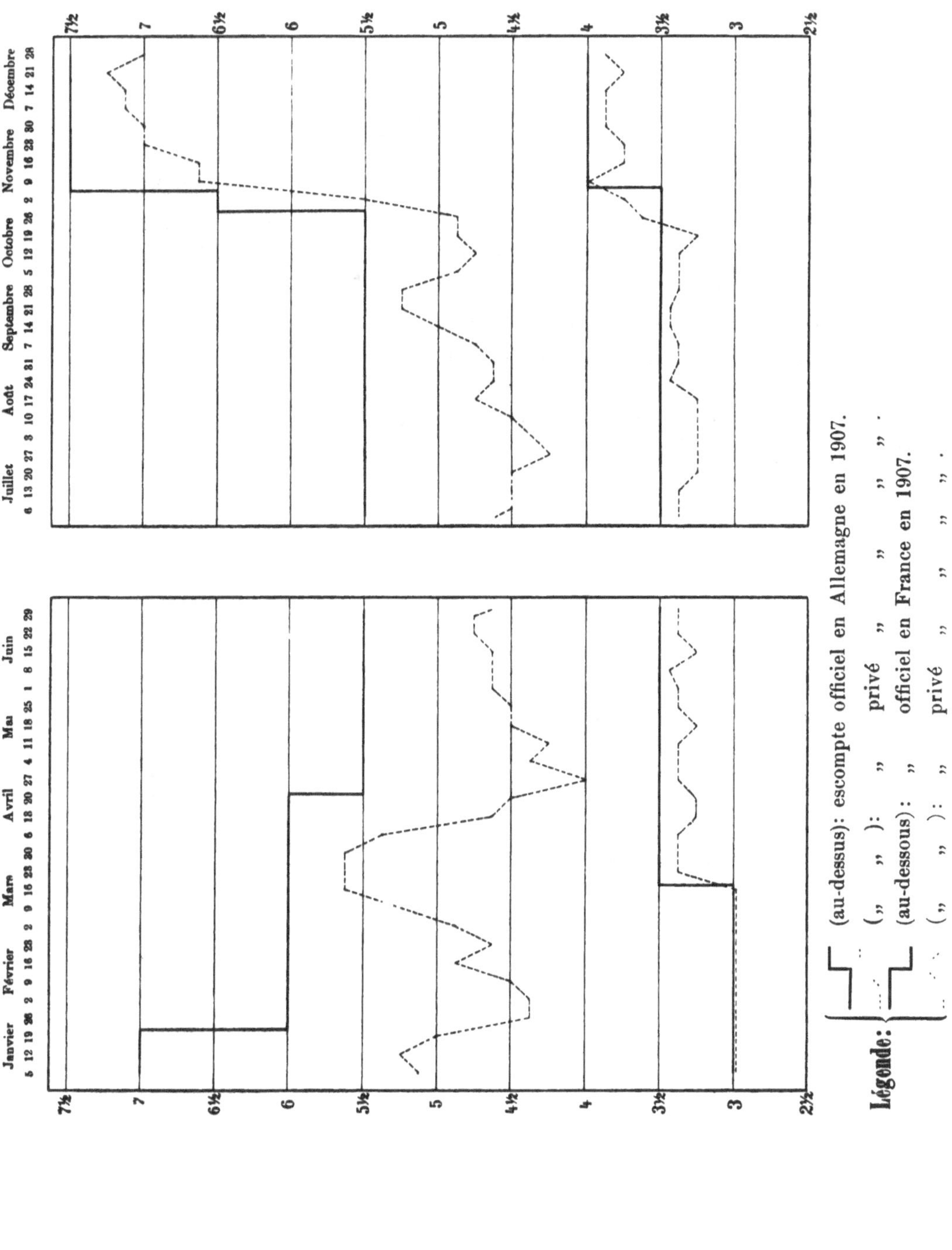
Janvier Février Mars Avril Mai Juin
Juillet Août Septembre Octobre Novembre Décembre
7½ 7 6½ 6 5½ 5 4½ 4 3½ 3 2½
Légende:
(au-dessus): escompte officiel en Allemagne en 1907.
(„ „): „ privé „ „ „ „ .
(au-dessous): „ officiel en France en 1907.
(„ „): „ privé „ „ „ „ .

Il arrive même, si les données de l'«Economist» sont exactes, que le taux privé dépasse quelque peu le taux officiel, ainsi qu'il résulte des tableaux C (27 janvier 1900), H (25 novembre, 30 décembre 1905), et J (26 octobre et 2 novembre 1907)[1]).

Ces excédents, qui n'existent pas à Berlin, sont probablement une conséquence de l'exigence rigoureuse des trois signatures. Les effets, même «négociables», à deux signatures doivent en effet supporter, à une époque de resserrement monétaire, un taux égal ou même un peu supérieur au taux officiel, puisqu'ils ne sont pas bancables, en dépit de leur valeur intrinsèque hors de doute. Ceci et le fait que le taux de la Banque de France répond à la situation du marché, expliquent qu'il y ait assez souvent similitude complète des taux privé et officiel, alors qu'une telle constatation est très rare en Allemagne. Les deux taux privé et officiel ont été les mêmes, d'après les rapports hebdomadaires de l'«Economist»:

				à Paris	à Berlin	
en 1898	sur	53	constatations,	15 fois	1 fois	voir tableau A[2])
» 1899	»	51	»	13 »	4 »	» » B
» 1900	»	52	»	21 »	- »	» » C
» 1901	»	52	»	4 »	- »	» » D
» 1902	»	52	»	4 »	- »	» » E
» 1903	»	52	»	1 »	- »	» » F
» 1904	»	53	»	- »	- »	» » G
» 1905	»	52	»	5 »	- »	» » H
» 1906	»	52	»	13 »	- »	» » I
» 1907	»	52	»	11 »	- »	» » J
de 1898 à 1907	»	521	»	87 »	5 »	»

La dépendance des deux taux se manifeste surtout en cas de modification du taux officiel. Si le taux privé

[1]) Voir aux annexes p. 194, 199 et 201.
[2]) Voir p. 192 à 201.

suit assez rapidement le mouvement de hausse du taux officiel, c'est que cette élévation est équitable.

Examinons sous ce rapport les tableaux de l'annexe. En 1898, le 22 octobre, il y a eu, à Paris, relèvement du taux de 2 à 3%; le taux privé passe aussitôt de 2 à $2^3/_8\%$, $2^3/_4$ huit jours après, puis $2^7/_8$, et moins d'un mois plus tard il y avait de nouveau similitude des deux taux.

La même année, la Reichsbank, le 19 novembre, amena son taux de $5^1/_2$ à 6%, le marché, qui cotait $4^7/_8$, resta d'abord à ce même taux, puis le porta successivement à $5^1/_8$, 5, $5^1/_4$, $5^1/_2$, $5^3/_8$, $4^7/_8$. Il revint donc au taux ancien de $4^7/_8\%$. Le marché n'avait, par conséquent, guère subi l'impulsion officielle.

En 1900, un mouvement inverse se produit:

A Paris, 6 janvier, taux officiel $4^1/_2$; taux privé $4^1/_2$
13 » » » 4 » » 4
27 » » » $3^1/_2$ » » $3^7/_8$,
puis $3^1/_2$, le 3 février.

Il y a domination presque absolue dans ce cas.

A Berlin, 6 janvier, taux officiel 7; taux privé $5^5/_8$
13 » » » 6 » » $4^1/_4$,
puis $4^1/_8$ le 20
27 » » » $5^1/_2$ » » $4^1/_8$,
puis $3^7/_8$.

Le taux privé semble fuir comme pour maintenir ses distances.

En 1901, à Berlin:

le 21 septembre, taux officiel $3^1/_2$; taux privé $2^3/_4$
» 28 » » » 4 » » 3,
puis, le 5 octobre, $2^3/_4$, le 12, $2^1/_2$.

Ici il y a même un semblant de réaction au lieu d'un mouvement analogue.

On pourrait multiplier ces exemples qui démontrent tous que la solidarité des deux taux est plus parfaite en France qu'en Allemagne.

A quoi attribuer cette différence sinon, d'abord, au système des 3 signatures, puis, à la forte encaisse de la Banque de France.

Les trois signatures, obligatoires pour tous, empêchent une extension trop forte du portefeuille de la Banque parce que les gros effets se font escompter ailleurs. Elles diminuent le rôle d'escompteur du grand établissement tout en lui laissant un contact suffisant avec les grosses banques et avec le marché commercial et industriel, grâce au réescompte qu'il favorise par son taux peu supérieur au taux privé.

Le stock métallique énorme que la grande Banque a dans ses caves contribue aussi à lui permettre de dominer le marché. Elle n'est pas absolument dépendante des mouvements de son encaisse et peut assister impassible à une diminution momentanée en maintenant un taux conforme à la situation générale du marché. La Reichsbank, par son portefeuille considérable correspondant à une encaisse faible, est influencée par toute sortie de fonds un peu forte. Son taux dépend trop de la situation spéciale de la Banque, de l'état du portefeuille et de l'encaisse, et pas assez de la situation générale du marché. Elle ne pourra d'ailleurs agir autrement aussi longtemps que, comme en 1906, avec une encaisse de 665 millions de marks, elle détiendra un portefeuille de plus de 1340 millions ou que (en 1907) une encaisse de 704 millions coïncidera avec un portefeuille de 1495 millions de marks[1]).

---

[1]) Chiffres des bilans de la Reichsbank aux 31 décembre:
1906: 665 + 51 (billets du trésor)
et 1907: 704 + 75 („ „ „)

On objectera peut-être que le portefeuille et l'encaisse ne sont pas les seuls éléments du bilan qui agissent sur la politique des Banques d'émission. Mais les titres sur lesquels elles font des avances, d'une part, les fonds déposés chez elles en comptes-courants, d'autre part, sont loin de contrebalancer l'influence du portefeuille.

Les comptes courants représentent des créanciers pouvant exiger leur avoir sans préavis et sans délai, et même lorsque la Banque se réserve le droit de réclamer le remboursement immédiat de ses avances, les titres qui en font l'objet ne garantissent pas qu'en temps de crise ce remboursement aura toujours lieu sans encombre.

Dans quelle situation se trouvent les deux Banques, si l'on tient compte de ces divers facteurs?

Banque de France.

(Moyennes en millions)

	Circulation	Comptes courants	Encaisse	Portefeuille	Portefeuille des avances
1906	4659	581	3931	898	519
1907	4800	522	3674	1126	578

Reichsbank.

(Moyennes en millions)

	Circulation	Comptes courants	Encaisse	Portefeuille	Portefeuille des avances
1906	1387	576 [1])	891+36 [2])+22 [3])	989	84
1907	1478	579	843 + 83 + 22	1105	98

[1]) Dépôts exigibles sans préavis (täglich fällige Verbindlichkeiten). Annexe o du rapport de la Reichsbank.

[2]) Reichskassenscheine (billets du Trésor).

[3]) Billets de banque des banques privées d'émission.

Pour faire face à des demandes possibles de remboursement soit, en 1906, 5240 millions (1907: 5322 millions), la Banque de France disposait d'abord de 3931 millions (1907: 3674) en espèces, puis de 1417 (1907: 1704) en effets.

La Reichsbank, pour pouvoir rembourser, en 1906, 1963 millions (1907:2057) avait seulement 891 millions (1907: 843) en espèces, 1073 (1907: 1213) en effets et 58 (1907:105) en billets du Trésor ou d'autres banques.

Le rapport de l'encaisse aux effets était à la Banque de France de $\frac{3931}{1417}$ $\left(1907:\frac{3674}{1704}\right)$ à la Reichsbank de $\frac{891}{1073}$ $\left(1907:\frac{843}{1213}\right)$ ou en tenant compte des billets du Trésor ou d'autres banques $\frac{949}{1073}$ $\left(1907:\frac{948}{1213}\right)$[1]

Ces chiffres parlent d'eux-mêmes et montrent à suffisance pourquoi la Reichsbank, avec son système d'escompte à 3 et à 2 signatures qui lui amène de gros effets, prescrit un taux d'escompte, en général, assez supérieur au taux du marché libre. Elle exercera une domination semblable à celle de la Banque de France, à condition de posséder une encaisse analogue, ce qu'elle ne pourra réaliser qu'en étendant la circulation de ses billets de banque. Nous avons vu, d'ailleurs, que cette ressource lui échappe sous l'empire de la loi qui régit à présent son émission.

---

[1] $\frac{3931}{1417}=\frac{2,7}{1}$; $\left(\frac{3674}{1704}=\frac{2,1}{1}\right)$ nombres fractionnaires.
$\frac{891}{1073}=\frac{1}{1,2}$; $\left(\frac{843}{1213}=\frac{1}{1,4}\right)$ ou $\frac{949}{1073}=\frac{1}{1,1}$; $\left(\frac{948}{1213}=\frac{1}{1,2}\right)$ fractions.

XIV. Comptes-courants.

La pratique des comptes courants ne produira des effets vraiment utiles que si les relations de la Banque sont très étendues, sinon elle ne permettra que rarement de faire passer, par un simple virement, une somme du crédit d'un compte au crédit d'un autre. Plus le nombre de comptes est considérable, plus la Banque a de chances de conserver les sommes déposées en dépit des règlements inévitables, grâce au jeu de compensation entre les dettes et les créances d'un titulaire envers d'autres.

D'une part, il y a nécessité pour la Banque d'éduquer le public, de lui montrer les avantages précieux dont il jouit en lui confiant ses capitaux disponibles. D'autre part, les particuliers, commerçants ou autres, doivent éprouver pleine confiance dans l'administration de la Banque, d'autant plus que leurs dépôts ne sont pas productifs d'intérêts. Le nombre de comptes-courants, beaucoup plus que la moyenne de leur avoir, est un signe caractéristique de la confiance d'un pays envers sa Banque d'émission. On objectera que le fait d'accepter des billets de banque implique aussi une confiance générale. D'abord, en France du moins, les billets, ayant cours légal, ne peuvent être refusés. Il est vrai cependant que rien n'empêche le public de se faire rembourser en espèces. Mais abstraction faite du cours légal, on est plus porté à accepter des billets qu'à confier des fonds à la Banque. Le billet, substitut de la monnaie, est destiné à circuler; sa possession inspire d'autant moins de craintes qu'elle n'est que passagère; les dépôts de fonds présentent un caractère plus durable. L'acceptation des billets de banque est un acte passif qui n'exige ni grande réflexion ni effort. Les dépôts résultent d'un effort actif, d'une volonté bien déterminée. On peut donc affirmer que plus une banque a de comptes-courants particuliers, plus elle a su agir efficacement sur le public et plus elle jouit d'une confiance absolue auprès de lui.

Les moyens d'action dont la Banque dispose sont directs, par exemple la concession d'avantages sérieux aux déposants, et indirects, tels une propagande intelligente et surtout une sage et prudente administration qui lui attire la confiance générale. Nous avons parlé, dans un chapitre précédent, des droits que les deux Banques reconnaissent à leurs Comptes-courants[1]). Il est intéressant de comparer les résultats obtenus en tenant compte accessoirement de la moyenne des sommes déposées et principalement du nombre des déposants, et d'en conclure le degré d'efficacité des mesures prises par chacune des deux Banques.

Années	Banque de France			Reichsbank			
	Nombre de comptes	Sommes[2]) en millions (Francs)	Moyenne par compte	Nombre de comptes	Sans les comptes du Trésor Sommes en millions de marks	Avec les comptes du Trésor Sommes en millions de marks	Moyenne par compte
		(Moyenne)		[3])	(Moyenne)	(Moyenne)[3])	
1881	7254	468,0	64516	—	126,9	—	—
1885	8592	378,0	43994	—	162,4	—	—
1890	12943	402,0	31059	—	208,7	—	—
1893	15514	405,0	26105	10441	248,9	—	23752
1897	27304	492,4	18033	13205	235,4	—	17826
1900	41928	482,5	11507	15847	(250,0)	428,5	27039
1905	71179	573,1	8051	22425	(295,8)	477,3	21284
1906	77159	581,3	7533	23387	(276,9)	457,1	19545
1907	86233	522,0	6053	23965	(284,4)	461,1	19240

Des deux Banques, c'est certainement la Banque de France qui s'est mise le plus à la portée des petits commerçants, sans

[1]) Voir p. 59 et suivantes.

[2]) Les comptes-rendus de la Banque de France indiquent seulement le total des comptes du Trésor et des particuliers.

[3]) Le nombre de comptes ouverts n'est indiqué dans les rapports de la Reichsbank que depuis 1894 (à partir de l'année 1893), la moyenne du montant des comptes du Trésor ne l'est qu'à partir de 1899.

entraver ses relations avec les grosses maisons. La Banque de France, depuis 1881, a plus que décuplé ses comptes courants; elle les a en quelque sorte popularisés puisque la moyenne est tombée de 64.516 francs à 6.053 francs, soit 10 fois moins. De 1893 à 1907, elle a presque sextuplé le nombre de ses comptes. Pendant la même période, la Reichsbank n'a pas même triplé le nombre des siens. Ce fait est d'autant plus remarquable que la population de la France est de beaucoup inférieure à celle de l'Allemagne et que cette dernière population a progressé dans des proportions bien plus considérables que celle de la République.

Avant de rechercher les causes d'un tel état de choses, voyons quel a été le mouvement annuel de ces comptes dans chacun des deux pays, en additionnant les totaux des fonds versés ou retirés, peu importe qu'ils aient été retirés définitivement ou portés au crédit d'autres comptes.

Années	Banque de France Mouvement (en millions de francs)		Reichsbank Mouvement (en millions de marks)	
	des comptes courants du Trésor	total	des comptes courants du Trésor	total
1881	6.969	119.668	1.824	39.283
1885	5.710	81.636	2.806	56.654
1890	5.783	108.636	4.054	83.804
1893	7.394	97.617	4.420	86.784
1897	6.491	109.740	15.154	119.057
1900	6.690	130.648	28.479	163.639
1905	9.155	197.219	43.578	222.150
1906	8.851	216.041	51.205	245.637
1907	9.094	208.614	53.489	260.668

La progression du mouvement des comptes de l'Empire et des Etats qui le composent est rapide et énorme comparée à celle des comptes du Trésor public français. Abstraction faite des comptes ouverts à l'Etat, le mouvement des comptes courants particuliers a donc été:

	Banque de France		Reichsbank	
En 1906	207.190	millions de fr.	194.432	millions de marks.
En 1907	199.520	„ „ „	207.179	„ „ „

C'est-à-dire que les entrées, sorties et virements en comptes courants particuliers sont environ d'un quart plus considérables à la Reichsbank qu'à la Banque de France.

Il est regrettable que les rapports officiels n'indiquent pas le nombre de comptes ouverts au Trésor public, mais il est probable que ce nombre est plus élevé à la Reichsbank qu'à la Banque de France[1]). En divisant donc les sommes ci-dessus par le nombre total des comptes ouverts, on obtiendra des résultats qui, comparés, amoindriront plutôt qu'ils n'exagéreront la différence existant entre les deux Banques quant au mouvement moyen par compte.

	Banque de France			Reichsbank		
	Mouvement (millions de francs)	Nombre de comptes	Moyenne par compte	Mouvement (millions de marks)	Nombre de comptes	Moyenne par compte
1906	207.190	77159	fr. 2.685.000	194.432	23387	Mk. 8.318.000
1907	199.520	86233	„ 2.313.000	207.179	23965	„ 8.645.000

Il semble résulter de ce tableau que le titulaire d'un compte à la Reichsbank fait en moyenne 4 fois plus d'affaires avec elle qu'un titulaire français avec la Banque de France.

Cet écart est d'autant plus sensible que, comme on a pu le voir précédemment, le mouvement des comptes de la Reichsbank progresse constamment et dans de fortes proportions

[1]) C'est une simple supposition basée sur deux faits certains: 1°) la Reichsbank a affaire non seulement avec l'Empire mais avec les divers Etats de l'Empire, tandis que la Banque de France n'opère, dans ce sens, que pour l'Etat français. 2°) Le mouvement des comptes du Trésor atteint, en 1907, 53 milliards de marks à la Reichsbank et 9 milliards de francs, soit 7 fois moins, à la Banque de France.

tandis que le mouvement des comptes de la Banque de France progresse irrégulièrement et beaucoup moins vite, et que rien ne fait prévoir un changement prochain de cette situation.

Comment s'expliquer cette différence? Les causes en sont multiples. D'abord les petits clients qui abondent à la Banque de France sont très rares à la Reichsbank. Cette dernière, en imposant un dépôt minimum en compte-courant[1]) et en proportionnant ce dépôt à l'importance de la maison, oblige ses clients à conserver chez elle des sommes supérieures à celles qu'ils lui laisseraient d'après le système français. Cette disposition amène une certaine sélection, les petits commerçants hésitant à soustraire de leurs disponibilités une somme de mille marks, souvent beaucoup plus encore, à laquelle ils ne peuvent toucher et qui est improductive.

En outre, en ce qui concerne les particuliers qui peuvent, à la Reichsbank, être libérés de l'obligation d'un dépôt minimum, le taux élevé de l'escompte qui règne d'habitude en Allemagne les retient indirectement de profiter de cette faveur. En effet, les grands établissements de crédit les attirent en rémunérant leurs dépôts. Or le taux de cette rémunération est solidaire du taux officiel de l'escompte. On comprend aisément que si les banques de crédit allemandes accordent aux dépôts à vue (comptes de chèques) un intérêt de $3^1/_2$ ou même $4^0/_0$, la Reichsbank ne consentant pas d'intérêt, le public donne, en général, la préférence aux premières.

Les particuliers qui, en France, se font ouvrir un compte à la Banque de France, renoncent à un intérêt beaucoup moindre, car le taux des dépôts à vue dans les autres banques est toujours inférieur au taux de l'escompte, très modéré, de la Banque de France.

[1]) Voir p. 61.

XV. Avances de fonds.

Le taux des avances est presque toujours solidaire de celui de l'escompte; il lui est rarement égal, jamais inférieur. L'écart existant entre ces deux taux est de 1 % ou de $^1/_2$ %. L'élévation ou la diminution du taux de l'escompte entraîne presque toujours un mouvement analogue et simultané du taux des avances. Voici, par exemple, les modifications du taux des avances à la Reichsbank et à la Banque de France, comparées aux variations du taux de l'escompte, depuis 1897.

Années	Reichsbank		Banque de France	
	Taux de l'escompte	Taux des avances	Taux des avances	Taux de l'escompte
1897	5 4 $3^1/_2$ 3 4 5	{$5^1/_2$ $4^1/_2$ 4 $3^1/_2$ / 6 5 $4^1/_2$ 4} 4 5 6	3	2
1898	5 4 3 4 5 $5^1/_2$ 6	6 5 4 5 6 $6^1/_2$ 7	3 $3^1/_2$	2 3
1899	6 5 $4^1/_2$ 4 $4^1/_2$ 5 6 7	7 6 $5^1/_2$ 5 $5^1/_2$ 6 7 8	(probablement[1]) $3^1/_2$ 4 5)	3 $3^1/_2$ $4^1/_2$
1900	7 6 $5^1/_2$ 5	8 7 $6^1/_2$ 6	5 $4^1/_2$ 4 $3^1/_2$	$4^1/_2$ 4 $3^1/_2$ 3
1901	5 $4^1/_2$ 4 $3^1/_2$ 4	6 $5^1/_2$ 5 $4^1/_2$ 5	$3^1/_2$	3
1902	4 $3^1/_2$ 3 4	5 $4^1/_2$ 4 5	$3^1/_2$	3
1903	4 $3^1/_2$ 4	5 $4^1/_2$ 5	$3^1/_2$	3
1904	4 5	5 6	$3^1/_2$	3
1905	5 4 $3^1/_2$ 3 4 5 $5^1/_2$ 6	6 5 $4^1/_2$ 4 5 6 $6^1/_2$ 7	$3^1/_2$	3
1906	6 5 $4^1/_2$ 5 6 7	7 6 $5^1/_2$ 6 7 8	$3^1/_2$	3
1907	7 6 $5^1/_2$ $6^1/_2$ $7^1/_2$	8 7 $6^1/_2$ $7^1/_2$ $8^1/_2$	$3^1/_2$ 4 $4^1/_2$	3 $3^1/_2$ 4

Pendant ces onze années, les mouvements des taux de l'escompte et des avances ont toujours été simultanés dans les deux Banques, sauf en 1907 à la Banque de France, comme le montre le relevé suivant:

	Taux de l'escompte	Taux des avances	Ecarts
1er janvier 1907	3	$3^1/_2$	$^1/_2$
17 « «	—	4	1
21 mars «	$3^1/_2$	—	$^1/_2$
7 novembre «	4	$4^1/_2$	$^1/_2$

[1]) Les taux des avances n'est pas indiqué dans le Compte-rendu de 1899, de la Banque de France.

Un cas analogue s'est aussi présenté à la Reichsbank en 1880:

		Taux de l'escompte	Taux des avances	Ecarts
1er janvier	1880	4	5	1
18 août	«	5	—	0
4 septembre	«	$5^1/_2$	6	$^1/_2$
6 octobre	«	5	—	1
18 «	«	$4^1/_2$	$5^1/_2$	1
9 novembre	«	4	5	1

Pendant 17 jours, du 18 août au 4 septembre 1880, il y eut même égalité des deux taux, chose très rare.

A partir du 12 mars 1884, la Reichsbank recourut à deux taux d'avances, l'un de $^1/_2$%, l'autre de 1% au-dessus du taux de l'escompte. Le taux le plus modéré ne s'appliquait qu'aux obligations de l'Empire ou des Etats allemands. Cette distinction disparut le 1er juillet 1897 et depuis lors le taux des avances a toujours été de 1% supérieur au taux de l'escompte.

Jadis la Banque de France, comme ce fut en partie le cas en 1907, tout en n'ayant qu'un taux unique pour les avances, maintenait ce taux tantôt à $^1/_2$% tantôt à 1% au dessus du taux de l'escompte, comme le prouvent les moyennes ci-dessous:

Années	Taux moyen des avances	Taux moyen de l'escompte	Ecarts
1881[1])	4.45	3.84	0,61 donc $^1/_2$ et 1
1885	4	3	1
1890	3.62	3	0,62 donc $^1/_2$ et 1
1893	3.50	2.5	1
1897	3	2	1
1907	4.16	3.46	0,70 donc $^1/_2$ et 1

[1]) La Banque de France n'a organisé le service des avances qu'en 1880. La Reichsbank l'a depuis sa fondation; elle suivit l'exemple de la „Preußische Bank" dont elle continua les opérations.

Depuis le 20 octobre 1898, elle a adopté comme règle un écart de $^1/_2\,^0/_0$[1]), sauf du 17 janvier au 21 mars 1907.

Le taux des avances étant solidaire du taux de l'escompte est, comme tel, beaucoup plus modéré et beaucoup plus stable à Paris qu'à Berlin. Il l'est en outre par lui-même, par le fait d'un écart moindre de moitié; c'est-à-dire que les Français en quête d'argent et possesseurs de titres sont, si on tient compte des conditions imposées en Allemagne, dans une situation relativement plus favorisée encore que les Français se procurant des fonds par l'escompte à la Banque de France. Par exemple, à la fin de 1907, le négociateur d'effets de commerce supportait une retenue de $4\,^0/_0$ à la Banque de France, de $7^1/_2\,^0/_0$ à la Reichsbank, soit, dans ce deuxième cas, $3^1/_2\,^0/_0$ en plus. L'emprunteur sur titres payait à la même époque un intérêt de $4^1/_2\,^0/_0$ à Paris, de $8^1/_2\,^0/_0$, soit $4\,^0/_0$ de plus, à Berlin.

Quel développement les avances de fonds ont-elles pris dans les deux Banques:[2])

Années	Banque de France			Reichsbank		
	Total des sommes avancées (Millions fr.)	Taux moyen des avances %	Moyenne[3]) du portefeuille (Millions mk.)	Total des sommes avancées (Millions mk.)	Taux moyen des avances %	Moyenne[3]) du portefeuille (Millions mk.)
1881	1222	4.45	248	1046	5.42	57
1885	636	4.—	285	739	4.618 et 5.118	52
1890	849	3.62	249	1315	5.017 et 5.5117	89
1893	825	3.50	303	1054	4.569 et 5.069	93
1897	1251	3.—	358	1552	4.556 et 4.806	108
1900	1707	3 74	492	1594	6.333	80
1905	2284	3.50	484	2093	4.817	72
1906	2687	3.50	519	2773	6.149	83
1907	2926	4.16	578	3293	7.033	98

[1]) Nous faisons abstraction de 1899, cependant il est plus que probable que les taux de cette année ne dérogent pas à la règle.

[2]) Les résultats pour la Banque de France sont, pour les années 1881 à 1893, empruntés en partie au livre déjà cité de M. E. Théry. Tous les autres chiffres sont ou tirés des rapports et comptes-rendus officiels ou calculés d'après eux.

[3]) Par portefeuille, il faut probablement entendre non la valeur

On voit que malgré des conditions beaucoup plus onéreuses, les avances sur prêts sont plus importantes à la Reichsbank qu'à la Banque de France, ce qui tient, entre autres, à ce que la Banque d'Empire a un champ d'action plus étendu que la Banque de France puisqu'elle fait aussi des prêts sur marchandises. Toutefois ces dernières avances étant peu considérables par rapport aux avances sur titres, les chiffres ci-dessus prouvent d'une façon irréfutable que le besoin d'argent est plus impérieux en Allemagne qu'en France puisque les particuliers à la recherche de fonds passent par des conditions aussi rigoureuses. D'autre part, il est vrai que la population de l'Empire est plus élevée et si une population dense ne coïncide pas toujours avec une grande fortune publique, elle est un facteur de richesse chez un peuple intelligent et travailleur comme le peuple allemand. Une telle acquisition de richesse, placée en titres d'Etat par exemple, sera, chez le Français, une épargne d'un rapport sûr quoique modique. Chez l'Allemand, elle ne sera qu'un moyen d'obtenir de nouveaux fonds liquides destinés à un emploi plus productif mais peut-être aussi plus hasardeux. Grâce à leur esprit d'entreprise, les Allemands augmentent le rendement de leurs capitaux, ce qui leur permet de supporter à la rigueur une retenue plus forte sur les prêts qu'ils concluent.

La caractéristique la plus frappante de la statistique précédente est l'énorme différence existant entre les moyennes des portefeuilles des avances, en contradiction apparente avec les totaux des sommes avancées. A quoi attribuer cette anomalie sinon à la courte durée des prêts en Allemagne et à leur durée plus étendue en France. Les Comptes-rendus de la Banque de France sont muets à cet égard, de sorte qu'il est difficile de confirmer cette opinion par des chiffres. La Reichs-

au cours de la Bourse, des titres en portefeuille mais les sommes avancées par la Banque sur cette valeur.

bank n'indique les moyennes de la durée de ses prêts que depuis 1895, comme suit: en 1895 et en 1896, 27 jours; en 1897, 25 jours; en 1898, 23 jours; en 1899, 18 jours, en 1900, 17 jours; en 1905, 11 jours; en 1906 et en 1907, 10 jours. Donc, décroissance continue, ce qui explique que la moyenne du portefeuille n'ait guère augmenté, soit même tombée de 108 millions en 1897 (moyenne de 25 jours) à 98 millions en 1907 (moyenne de 10 jours), alors que les totaux des avances ont passé de 1552 millions en 1897 à 3293 millions en 1907.

Il n'est malheureusement pas possible de comparer les mouvements des diverses catégories d'avances parce que la Reichsbank ne donne à ce sujet que la situation au 31 décembre, non pas le total annuel de chaque groupement. D'autre part, la Banque de France ne mentionne pas le montant fin d'année des avances sur lingots et monnaies non encore remboursées.

Les tableaux suivants, limités pour ce motif aux trois dernières années, sont donc donnés à simple titre d'orientation.

Banque de France.

Mouvement annuel (en milliers de francs)

Années	Avances sur titres	Avances sur lingots et monnaies d'or	Avances [1]) ordinaires	Avances en [1]) compte courant
1905	2.282.584	1.780	39.712	2.242.871
1906	2.657.003	30.439	48.046	2.608.956
1907	2.897.037	29.393	42.105	2.854.931

[1]) Voir p. 65.

Reichsbank.

Situation au 31 décembre (en milliers de marks)

Années	Avances sur titres et effets de commerce[1])	Avances sur lingots et monnaies d'or et d'argent[1])	Avances sur marchandises[1])
1905	200.982	8 (8800 marks)	3.347
1906	279.714	8 (» »)	4.796
1907	358.802	8 (» »)	5.486

Les avances sur lingots sont donc presque nulles. Quant aux avances sur marchandises, les commerçants y ont relativement peu recours. Reste donc le premier groupe dans lequel la Reichsbank réunit les titres et les effets de commerce, probablement parce que cette seconde catégorie ne vient guère en ligne de compte. Nous avons vu, en effet, que les effets admis aux avances le sont aussi à l'escompte, puisque, dans les deux cas, ils doivent satisfaire aux mêmes exigences. La seule différence est que l'escompte porte sur toute la durée de la traite jusqu'à son échéance, les avances pouvant être remboursées avant; mais, d'une part, le commerçant empruntant sur effets subit un intérêt de 1°/₀ plus fort, d'autre part, tous les frais de recouvrement à l'échéance lui incombent encore. On comprend qu'il préfère escompter ses effets au lieu de les engager contre prêt. Cette catégorie d'avances semble donc superflue.

XVI. Résultats généraux.

Avant de conclure et pour le faire en vraie connaissance de cause, il nous faut encore examiner quels résultats les deux Banques ont obtenus:

[1]) Voir p. 66 et 67.

a) au point de vue de la masse des opérations;
b) » » » » des recettes;
c) » » » » des redevances dues à l'Etat;
d) » » » » des bénéfices nets.

1. Masse des opérations.

Sous ce titre, la Banque de France ne donne, dans ses comptes rendus, que le total des opérations productives: escompte, avances sur titres, billets à ordre, virements et chèques, effets au comptant, etc.

Sous le titre correspondant de «Gesamtumsätze», la Reichsbank donne, dans ses rapports, le mouvement de tous ses services, de sorte qu'une simple comparaison des chiffres ainsi indiqués avec la masse des opérations de la Banque de France donnerait une fausse idée, tout au désavantage de celle-ci; par exemple en 1907 la masse des opérations productives de la Banque française était de 25 milliards de francs à peu près et les «Gesamtumsätze» de la Reichsbank se montaient, la même année, à près de 299 milliards de marks.

Mettons donc en regard les principaux comptes des deux établissements:

Banque de France. (Millions de francs)

Années	Escompte	Avances	Comptes courants particuliers	Comptes courants du Trésor	Masse de ces opérations
1881	11.374	1.123	119.663	6.969	139.129
1885	9.250	585	81.008	5.710	96.553
1890	9.610	812	108.636	5.783	124.841
1893	8.831	807	97.617	7.394	114.649
1897	10.364	1.211	109.740	6.491	127.806
1900	12.247	1.657	130.648	6.690	151.242
1905	10.967	2.282	197.219	9.155	219.623
1906	13.980	2.657	216.041	8.851	241.529
1907	15.769	2.897	208.614	9.094	236.374

Nous négligeons les effets au comptant, c'est-à-dire remis à l'encaissement, qui ne pourraient modifier sérieusement le résultat total ($^1/_2$ milliard environ). Nous évitons également de citer les dépôts de titres qui ne sont pas mentionnés au bilan.

Reichsbank. (Millions de marks)

Années	Escompte	Avances	Comptes courants particuliers	Comptes courants du Trésor	Masse de ces opérations
1876	4.140	467	16.711	2.070	23.388
1881	3.718	1.046	37.458	1.824	44.046
1885	3.636	739	53.847	2.806	61.028
1890	5.489	1.315	79.749	4.054	90.607
1893	5.427	1.054	82.363	4.420	93.264
1897	6.661	1.552	103.902	15.154	127.269
1900	8.763	1.594	135.159	28.479	173.995
1905	9.175	2.093	178.572	43.578	233.418
1906	10.505	2.773	194.432	51.204	258.914
1907	12.150	3.293	207.179	53.489	276.111

Nous avons également omis les effets à l'encaissement (en 1907 pour 165 millions de marks seulement) et tous les autres éléments d'importance secondaire. La Reichsbank a un chiffre d'affaires supérieur à celui de la Banque de France, ce qui provient en grande partie de ses relations avec l'Empire et les Etats allemands (Comptes du Trésor).

2. Recettes

(Voir le tableau de la page 170.)

Ce qui frappe tout d'abord, c'est, d'une part, l'augmentation rapide et énorme des recettes de la Reichsbank, d'autre part, quant aux dernières années, la différence entre les recettes des deux établissements, différence tout à l'avantage de la Reichsbank.

Millions de francs. Millions de marks.

Années	Banque de France Escompte	Banque de France Avances sur titres	Banque de France Total de toutes les recettes [1])	Reichsbank Escompte	Reichsbank Avances sur titres et autres	Reichsbank Total de toutes les recettes
1881	45.356	10.719	70.362	14.583	3.030	19.480
1885	24.646	11.690	51.658	14.092	2.603	19.328
1890	21.612	9.344	46.839	23.352	4.650	30.862
1893	15.571	10.787	40.322	21.254	4.453	28.832
1898	18.290	12.058	44.924	29.215	5.086	38.204
1900	29.318	18.050	63.154	42.597	5.089	51.885
1905	19.957	17.085	52.504	33.093	3.517	45.247
1906	27.998	18.255	62.777	49.110	5.040	64.205
1907	39.522	23.319	80.111	63.966	6.766	82.550

A un point de vue plus particulier, on constate que:

1°) l'escompte est une source de profits bien plus abondante à la Reichsbank qu'à la Banque de France. Un coup d'œil jeté sur les tableaux des taux montre d'ailleurs que cet excédent retombe surtout sur les commerçants et industriels du pays;

2°) les avances sont d'un rendement absolu plus élevé à Paris qu'à Berlin, ce qui paraît s'expliquer, comme nous l'avons vu, par la courte durée des prêts en Allemagne et le peu d'importance relative du portefeuille des avances. La cause de cet état de choses doit se chercher dans le taux onéreux des avances qui est pratiqué à Berlin et, nous l'avons montré, y dépasse de 1°/₀ le taux de l'escompte, qui est lui-même, en général, très élevé.

Il faut dire, en toute justice, que les actionnaires de la Reichsbank ne bénéficient que dans une mesure assez restreinte de ces énormes profits. Ceci nous amène à comparer les bénéfices nets en tenant compte surtout des redevances des deux Banques envers leur Etat, redevances qui prennent même le caractère d'une participation directe aux bénéfices, en Allemagne.

[1]) Ces montants désignent les recettes brutes, c'est-à-dire y compris les arrérages des valeurs appartenant à la Banque de France.

3. Redevances à l'Etat.

En nous basant sur les explications du chapitre relatif aux impôts qui grèvent le budget des banques[1]), établissons quelles contributions la loi a imposées aux deux établissements.

Comme la Banque de France n'a jamais fixé son taux à 5 % ou au-delà depuis 1883 et que la loi prescrivant une redevance éventuelle en cas d'un taux de 5 % date de 1897, il ne nous reste à considérer que l'impôt sur les billets en circulation, impôt qui se monte à présent au produit du huitième du taux de l'escompte par le chiffre de la circulation productive, avec un minimum de 2 000 000 de francs.

La participation de l'Etat aux bénéfices de la Reichsbank a été régie par diverses règles qui ont été déjà exposées[2]).

Quant à l'autre taxe, nous en avons parlé à différentes reprises (Notensteuer, loi du 14 mars 1875).

Voici les prélèvements fiscaux depuis l'entrée en vigueur, en 1897, de la loi française actuelle:

Années	Banque de France Impôt sur la circulation productive fr.	Reichsbank Participation aux bénéfices Mk.	Redevance éventuelle Mk.	Total Mk.
1897	2.742.314,86	9.897.623	767.915	10.665.539
1898	3.242.899,26	12.058.459	1.927.401	13.985.860
1899	4.857.289,95	19.133.534	2.847.294	21.980.828
1900	5.655.333,72	20.824.093	2.517.852	23.341.946
1901	4.107.620,15	12.770.455	352.684	12.770.455
1902	3.777.141,87	8.844.779	478.289	9.323.069
1903	4.314.649,43	12.078.620	805 267	12.883.888
1904	4.521.589,76	15.907.165	1.118.373	17.025.539
1905	4.225.042,51	14.329.775	1.651.003	15.980.778
1906	5.332.528,05	25.472.181	3.692.349	29.164.530
1907	7.357.141,60	34.510.238	5.600.697	40.110.935
Totaux:	50.133.551,16			207.233.367

[1]) Voir p. 4 et 5 pour la Banque de France et p. 10 et 11 pour la Reichsbank.

[2]) Voir p. 10.

On voit que le point de vue fiscal est prépondérant en Allemagne. L'Empire a besoin d'argent et a créé, dans ces derniers temps, plusieurs nouveaux impôts indirects. On comprend donc qu'il considère la redevance de la Reichsbank comme une contribution indirecte à la charge des commerçants et des industriels. Certes, on aurait tort de préconiser une exonération d'impôt en faveur de cette catégorie de citoyens mais il ne faut pas que l'impôt pèse d'une façon générale sur toute la vie économique d'un pays. Or la redevance éventuelle, nous l'avons démontré, entrave une extension saine de l'émission des billets de banque. En outre, une participation trop forte aux bénéfices revient pour l'Etat à tirer profit de la situation tendue du marché de l'argent. Il aggrave le mal au lieu de l'atténner et il semble qu'un impôt de 40 millions de marks (1907) portant sur une recette brute de 82 millions soit trop onéreux. Nous n'avons pas en vue l'intérêt personnel des actionnaires en parlant ainsi, mais nous pensons qu'un prélèvement aussi fort doit, bon gré mal gré, agir sur la politique de la Banque. S'il entraîne un relèvement du taux de l'escompte, celui-ci indirectement peut influer sur le taux de l'intérêt. Par contre-coup donc, un impôt exagéré peut gêner l'activité économique de tout un pays.

Ce n'est pas dire que la Banque de France rende des services moindres à l'Etat français. D'abord, l'impôt de 7 millions (1907) se rapporte à une recette brute de 66 millions. Puis, la Banque de France, si elle appliquait un taux d'escompte semblable au taux allemand, serait obligée aussi de payer, de ce chef, une redevance supplémentaire. C'est en maintenant son escompte à un taux très modéré qu'elle échappe à cette contribution, chose équitable puisqu'elle restreint par là ses bénéfices. Enfin, la Banque de France, en accordant au gouvernement de la République, à titre gratuit, une avance de 180 millions de francs fait bénéficier l'Etat des intérêts de cette somme, soit, à 3 %, 5.400.000 francs. De plus, en soustrayant ce montant à son encaisse, la Banque augmente en apparence sa circulation productive, c'est-à-dire qu'elle accroît ainsi le rendement de l'impôt établi sur cette circulation en faveur de l'Etat.

4. Bénéfices nets.

Banque de France (Milliers de francs).

Années	Recettes brutes	Dépenses d'exploitation et part de l'Etat	Bénéfices nets	Dividendes par action de 1000 francs
1881 [1]	70.362	13.272	57.090	250
1885	51.658	15.530	36.128	185
1890	46.839	15.931	30.917	157
1894	38.789	17.293	21.495	113
1898	44.924	20.162	24.761	110
1900	63.154	25.721	37.433	145
1905	52.504	25.056	27.448	130
1906	62.777	27.714	35.063	150
1907	80.111	32.328	47.782	175

Reichsbank (Milliers de marks).

Années	Recettes brutes	Dépenses y compris la redevance éventuelle (Notensteuer)	Bénéfices de l'Etat	Bénéfices nets des actionnaires [2]	Dividendes par action de 1000 Mk.
1881	19.480	7.584	2.598	9.297	66,6
1885	19.328	8.721	2.082	8.524	62,4
1890	30.862	10.121	7.104	13.636	88,1
1894	22.457	11.052	3.903	7.501	62,6
1898	38.204	15.926	12.058	10.219	85,1
1900	51.885	17.920	20.824	13.141	109,6
1905	45.247	19.840	14.329	11.076	61,5
1906	64.205	23.943	25.472	14.790	82,2
1907	82.550	30.236	34.510	17.803	98,9

[1]) De 1881 à 1894, d'après les données de M. E. Théry. op. cit. p. 60.

[2]) Jusque 1890 inclus, les bénéfices nets comprennent une part à la réserve prescrite par la loi; c'est pourquoi le dividende est plus faible qu'il ne le serait si toute la somme avait été répartie.

Les bénéfices bruts de la Reichsbank dépassent ceux de la Banque de France, mais les exigences fiscales réduisent énormément le dividende des actionnaires de la Reichsbank qui est régulièrement inférieur à celui des actionnaires de la Banque de France, parfois de moitié ou plus encore (1881, 1885, 1905).

Ceci induit à supposer que l'Empire voit dans la Reichsbank surtout une entreprise fiscale.

XVII. Conclusion.

1. Réformes légales et statutaires.

Quoique la situation de la Banque de France soit très favorable et ne puisse inspirer la moindre crainte, il y aurait imprudence à accroître outre mesure la circulation des billets de banque. Nous avons déjà mentionné le danger d'une circulation exagérée[1]. Ajoutons que la couverture métallique restant proportionnellement la même ou à peu près, la circulation productive, c'est-à-dire non garantie en espèces, augmente en raison de l'accroissement général de la circulation totale. C'est ainsi qu'une réserve métallique de 70 % portant sur une émission de 2 milliards, comme en Allemagne, donne une circulation productive de 600 millions; la même proportion, en France, avec une émission de 6 milliards aurait pour conséquence une circulation productive de 1800 millions de francs.

Il y va donc de l'intérêt du pays entier d'empêcher ou de retarder le plus possible une nouvelle extension de la circulation fiduciaire de la Banque de France. Somme toute,

[1]) Voir p. 102 et 103.

le développement de la population et l'essor industriel et commercial de la République ne sont pas de nature à justifier, de quelque temps, un agrandissement du jeu de l'émission.

En Allemagne, la situation est tout autre. La circulation et surtout l'encaisse y sont trop restreintes; l'encaisse métallique de la Reichsbank devrait subir une sérieuse augmentation pour jouer le même rôle bienfaisant que les réserves métalliques de la Banque de France. Nous avons démontré tout au long[1]) l'influence heureuse, à plusieurs points de vue, d'une encaisse puissante dont la condition primordiale est la possibilité d'une circulation suffisamment large. Des deux maux, une émission enflée et une circulation trop étroite, le deuxième n'est peut-être pas le moindre, car il contribue à fausser le taux de l'escompte officiel en opposition au taux normal du marché privé qui, lui, n'est malheureusement applicable qu'à une minorité privilégiée. En France, la situation pourrait devenir préjudiciable, en Allemagne, elle l'est déjà et d'autant plus que l'industrie et le commerce y jouent un rôle capital; n'y sont-ils pas les deux plus grands facteurs de la vie économique?

Nous pensons donc que s'il convient de s'attacher, en France, à atténuer la progression croissante de la circulation, on devrait, en Allemagne, permettre sa libre extension jusqu'à une limite raisonnable.

On aurait tort de voir dans cette appréciation un reproche même caché à l'adresse de l'administration de l'une ou de l'autre des deux Banques. Ni la Reichsbank ni la Banque de France ne peuvent en être l'objet. L'une et l'autre subissent les conditions que leur imposent la législation qui les régit, d'une part, les habitudes économiques du pays, d'autre part.

---

[1]) Voir p. 105 et suivantes.

Si la circulation du papier-argent est très étendue en France, c'est que les habitants font volontiers usage du billet qui leur offre pleine sécurité, c'est qu'ils ne recourent pas assez aux autres moyens de payement, surtout aux règlements par chèques ou par compensation.

Si, en Allemagne, la circulation des billets de banque est insuffisante, cela tient surtout aux dispositions légales draconiennes qui contrecarrent son extension normale.

Le pouvoir législatif de l'Empire, pour remédier à cet état de choses, une des causes de la chèreté excessive de l'argent, devrait, à l'exemple de la loi française, donner à l'émission une limite plus en rapport avec les besoins du pays et abolir toute autre entrave, telle que le funeste impôt sur la circulation, en vigueur de nos jours.

En outre, quitte à prélever une autre contribution indirecte, l'Empire devrait modérer ses exigences fiscales, réduire sa part sur les bénéfices de la Reichsbank, moins au profit des actionnaires qu'en faveur du développement des affaires, gênées par un escompte trop élevé.

Afin que ce dégrèvement ne se fasse pas exclusivement à l'avantage des actionnaires, il suffirait d'adopter un mode de redevances tendant à modérer le taux de l'escompte. Le procédé français consiste, nous l'avons vu, à baser la part de l'Etat sur le taux de l'escompte et la circulation productive. Ce système se justifie d'abord parce qu'il n'a pas un caractère nettement fiscal mais plutôt d'intérêt général, ensuite parce qu'il permet à la circulation de fonctionner presque librement. En Allemagne, où la circulation devrait se développer, il conviendrait, tant qu'elle n'aura pas atteint une extension suffisante, de ne la soumettre à aucune mesure déprimante. Il vaudrait mieux faire dépendre la redevance à l'Etat du taux de l'escompte et du montant des bénéfices nets.

Il faudrait donc supprimer et le droit pour l'Etat de participer proportionnellement aux bénéfices, et son droit à la redevance éventuelle existant à présent. Ces deux contributions seraient remplacées par un impôt calculé sur les bénéfices nets en raison du taux moyen annuel ou semestriel de l'escompte, de façon que plus cette moyenne se relève, plus le prélèvement en faveur de l'Etat augmente, plus la part des actionnaires diminue relativement, et inversement.

Voici, à simple titre explicatif, une application de ce principe, basée sur les résultats des années 1905—1907.

Années	Reichsbank	
	Bénéfices nets (y compris la redevance éventuelle)	Taux moyen de l'escompte
1905	27 millions de marks	3.817
1906	43 „ „	5.149
1907	57 „ „	6.033

L'Empire prélèverait, par exemple, $\frac{1}{10}$ des bénéfices nets par unité du taux moyen de l'escompte, soit, en chiffres ronds:

en 1905 $\frac{3,8}{10}$ de 27 millions ou 10 millions 260
„ 1906 $\frac{5,1}{10}$ „ 43 „ „ 21 „ 930
„ 1907 $\frac{6}{10}$ „ 57 „ „ 34 „ 200.

Selon les divers taux, l'impôt perçu par l'Empire et la part des actionnaires seraient donc:

Année	Redevance à l'Etat	Part des actionnaires	Taux moyen
1905	10.260 millions	16.740 millions	3.817 %
1906	21.930 „	21.070 „	5.149 %
1907	34.200 „	22.800 „	6.033 %

Ce système aurait amené les modifications ci-dessous que nous allons, pour mieux en juger, comparer avec les résultats réels des mêmes exercices.

Année	Système en vigueur				Système modifié	
	Participation de l'Etat aux bénéfices	Redevance éventuelle (Notensteuer)	Total des impôts	Part des actionnaires	Part des actionnaires	Part de l'Etat
1905	14.329	1.651	15.980	11.076	16.740	10.260
1906	25.472	3.692	29.164	14.796	21.070	21.930
1907	34.510	5.600	40.110	17.803	22.800	34.200

La Reichsbank, agissant dans l'intérêt de ses actionnaires, chercherait donc à maintenir, autant que faire se pourrait, un intérêt modéré, au grand profit des commerçants et des industriels.

Si les législateurs estimaient que le bénéfice des actionnaires pourrait être parfois démesuré, rien n'empêcherait de lui assigner une limite plus modeste en invitant la Banque à rémunérer, dans une faible proportion, les dépôts qui viennent grossir l'encaisse.

L'impôt sur le revenu, prélevé dans tout l'Empire, contribuerait d'ailleurs, dans une infime mesure, il est vrai, à dédommager l'Etat, puisqu'une augmentation de dividendes amènerait un rendement plus élevé de cet impôt.

Mais un tel système serait impuissant à influer sur le taux, tant que la Reichsbank ne serait pas en possession d'une encaisse sérieuse. Seules de fortes réserves métalliques lui permettront de modérer son taux sans risquer qu'une demande un peu plus active de fonds, résultant de l'abaissement de l'escompte, n'entraîne aussitôt une diminution trop sensible de l'encaisse. Autant dire que la première réforme qui s'impose, c'est la suppression des dispositions qui empêchent la circulation de s'étendre. La meilleure garantie n'est-elle pas dans la sage administration de la Banque elle-même?

Au besoin, pour faciliter l'introduction du billet dans les masses, l'Empire pourrait lui reconnaître le cours légal qui n'implique, en réalité, aucune mesure de contrainte tant que le cours forcé ne s'y joint pas.

Toutefois la principale ressource dont disposent les Banques d'émission pour accroître leurs réserves métalliques, est l'extension, la popularisation de leurs comptes-courants créditeurs, c'est-à-dire alimentés par les versements des clients qui considèrent la Banque comme leur caissier.

Nous avons vu que la Reichsbank, en imposant un dépôt minimum et en n'accordant pas d'intérêts, repousse la petite clientèle. Or, en s'additionnant, les dépôts, faibles mais très nombreux, des petits clients sont susceptibles d'accroître de façon très sensible l'encaisse de la Banque.

En est-il une preuve plus frappante que les dépôts en caisse d'épargne qui s'élevaient, en 1907, dans tout l'Empire, à plus de 9 milliards de marks. C'est notamment une partie de cette épargne que la Reichsbank doit s'attirer et elle atteindrait ce but en accordant des intérêts, même très modérés, aux dépôts à vue. Supposons qu'à l'encaisse métallique de la fin de 1907, soit 704 millions de marks, viennent s'ajouter $^1/_2$ milliard de dépôts, grâce à un intérêt de $^1/_2\,^0/_0$ en faveur des déposants, et $^1/_2$ milliard par suite d'une extension raisonnable de la circulation des billets.

Le 31 décembre 1907, les titulaires de comptes courants à la Reichsbank avaient un avoir de 386 millions, c'est-à-dire que la Banque aurait eu, dans notre cas, à servir $^1/_2\,^0/_0$ d'intérêt sur 886 millions, soit 4 millions 430.000 marks[1]).

Mais ce surplus de dépenses ne retomberait pas entière-

---

[1]) Pour ne pas compliquer l'explication, supposons que ces chiffres représentent des moyennes annuelles.

ment sur les actionnaires, car la Banque, en possession de nombreux capitaux, pourrait pratiquer l'escompte et les avances sur une plus grande échelle. Cela équivaudrait pour elle à emprunter à $^1/_2 {}^0/_0$, pour placer une partie de cette somme à 3, 4 ou $5 {}^0/_0$. Il y aurait donc compensation partielle sinon complète.

La Reichsbank pourrait d'ailleurs maintenir sa condition du dépôt minimum dans ses relations avec les grandes maisons. Cette condition leur paraîtrait moins dure puisque le dépôt ne serait plus totalement improductif. Mais elle devrait en libérer tout à fait les petits capitalistes, qu'une pareille exigence écarterait certainement.

Une telle politique aurait une autre conséquence heureuse et vivement souhaitable. Ce serait, ainsi que nous l'exposerons au paragraphe suivant, de contribuer puissamment à réformer les habitudes économiques du public non commerçant en l'amenant, grâce aux facilités du compte-courant, à régler par virements ou par chèques et à encaisser ses menues créances par un procédé analogue.

La situation favorable dans laquelle se trouve la Banque de France ne la met pas dans la nécessité absolue de solliciter plus encore les petits capitalistes. Elle aurait même pléthore de capitaux en adoptant une semblable ligne de conduite sans modifier ses conditions d'admission à l'escompte. Cependant, elle pourrait aussi tirer profit d'une telle mesure à la condition de redevenir banque d'escompte plutôt que banque de recouvrement ou de réescompte. Il a été montré précédemment en quoi la condition des trois signatures et l'uniformité du taux favorisent les grands établissements de crédit aux dépens de la Banque de France. Si la Banque adopte le système de deux signatures solvables avec taux différentiels, à l'exemple de ses concurrentes, elle risque de voir son encaisse diminuer sérieusement au profit du portefeuille de l'escompte. Il est vrai que des réserves métalliques aussi considérables que les siennes pourraient, sans grand inconvénient, subir une réduction assez forte. Cependant, les avantages que le pays retire de cette encaisse formidable sont tels qu'il y aurait tout intérêt, pour la Banque comme pour le monde des affaires, à augmenter l'encaisse au fur et à mesure que les opérations d'escompte de la Banque s'accroîtraient. Si la Banque de France se décidait donc à escompter des effets à deux signatures, il serait bon qu'elle pare à une diminution de ses réserves en accordant un faible intérêt sur les dépôts qui augmenteraient certainement par suite de ce nouvel avantage.

Enfin, au point de vue économique général, cette rémunération des dépôts, accroissant le nombre des comptes-courants, aurait, ainsi que nous venons de le dire à propos de la Reichsbank, les plus heureux effets et contribuerait, pour une large part, à obvier à une nouvelle expansion de la circulation des billets de banque français.

La Reichsbank pourrait, une fois en possession de fonds suffisants, activer ses avances en réduisant de 1% à $^1/_2$% l'écart existant entre leur taux et celui de l'escompte, le rendement des avances étant beaucoup moins élevé à Berlin qu'à Paris.[1])

Nous faisons abstraction des moyens employés par la Banque de France pour atténuer un relèvement de l'escompte en temps normal[2]). Ces moyens, très ingénieux et recommandables sous le régime du bimétallisme, même boîteux comme

---

[1]) Voir p. 170, les recettes provenant des avances.

[2]) Voir p. 117 et suivantes, à l'exception de «l'intervention en faveur d'une autre Banque d'émission» et du «portefeuille sur l'étranger.»

en France, seraient, ainsi qu'il a été prouvé précédemment, ou impossibles ou tout à fait inefficaces en Allemagne, surtout depuis que les dernières traces de bimétallisme y ont disparu par la démonétisation des écus d'argent ou «thalers».

Enfin, la Banque de France, qui a plutôt pléthore de fonds disponibles et ne retire qu'un bénéfice très réduit de ses opérations d'escompte, aurait tout avantage à suivre l'exemple de la Reichsbank en organisant à titre permanent un portefeuille étranger accessible à tous. Elle faciliterait ainsi indirectement les relations commerciales de la France avec les pays les plus solvables du monde[1]).

2. Réformes économiques.

L'éducation économique des populations française et allemande est loin d'atteindre le degré de perfectionnement qu'elle a en Angleterre et aux Etats-Unis. Comment serait-il possible aux Anglais de vivre sous le régime de la loi de 1844[2]) s'ils n'avaient su y remédier en évitant presque toujours de faire usage des billets de la Banque d'Angleterre. Outre-Manche, le règlement normal de toutes les opérations se fait, en règle générale, par compensation: virement ou chèque, surtout chèque barré.

Certes il existe, en France comme en Allemagne, des Chambres de compensation qui, tout comme les Clearing-Houses de Londres ou de New-York, compensent journellement non seulement les créances et les dettes des clients d'un même banquier, mais les engagements de banque à banque, c'est-à-dire, en dernier ressort, des clients d'un banquier envers les clients d'autres banquiers, et réciproquement.

---

[1]) La Reichsbank, nous le rappelons, n'escompte que les effets tirés sur certains pays—voir p. 57.

[2]) Voir p. 25.

Cependant les «Abrechnungsstellen» de la Reichsbank et surtout la Chambre de compensation de Paris n'interviennent pas suffisamment dans les règlements intérieurs des deux pays, ainsi que le montrent les résultats comparés des quatre pays en question:[1])

Années	Abrechnungsstellen de la Reichsbank	Chambre de compensation de Paris	Clearing House de Londres	Clearing House de New-York
	(en milliers de marks dans les quatre cas)			
1903	31.136.532	9.419.321	206.748.025	277.075.419
1904	32.635.273	10.663.304	215.826.545	288.327.560
1905	37.602.991	13.325.202	251.042.512	394.052.652

De 1904 à 1905, l'augmentation, en chiffres ronds, a donc été en Allemagne de 5 milliards, à Paris de 3 milliards, à Londres de 35 milliards, à New-York de 106 milliards de marks; ces chiffres parlent par eux-mêmes, tout commentaire serait superflu.

Pour empêcher une inflation de la circulation des billets en France, pour amener un relâchement du marché de l'argent et de l'escompte en Allemagne, il faudrait donc que les virements et les chèques se substituent plus souvent aux billets de banque et au numéraire.

Pourquoi le Français et l'Allemand recourent-ils si peu soit aux virements, soit aux chèques?[2])

Le peu de sympathie du public pour ces modes perfectionnés de règlement a son origine dans des causes multiples

---

[1]) cf. Volkswirtschaftliche Chronik für das Jahr 1905. Jena. Gustav Fischer 1906. p. 832 et 833 et aux annexes, p. 202: statistique des «Abrechnungsstellen.»

[2]) L'ouverture d'un compte de chèques devrait toujours impliquer la faculté pour le titulaire de régler aussi par virement, par suite d'un simple jeu d'écritures opérant le transfert d'une somme d'un compte à un autre, ouverts chez le même banquier ou chez deux banquiers compensant leurs engagements réciproques.

qui s'expliquent soit par le manque ou l'insuffisance de dispositions légales, soit par l'absence de vues larges chez beaucoup de banquiers, soit par l'attachement du public aux vieilles méthodes de liquidation.

Pour favoriser la circulation des chèques, il importe de faire cesser l'hésitation qu'éprouvent encore beaucoup de commerçants et d'industriels à accepter des chèques en payement. Pourquoi hésiter puisque accepter un chèque ce n'est souvent, en réalité, pas autre chose que prolonger de quelque temps, c'est-à-dire jusqu'au remboursement du chèque, un crédit déjà consenti.

Au reste, les banques privées accordent des intérêts sur les fonds versés en comptes de chèques.

L'utilité économique d'une pratique étendue des chèques consiste donc aussi en ce que des fonds, qui autrement seraient conservés par des particuliers et tenus disponibles pour des payements à venir, peuvent être rendus productifs pour le propriétaire et pour les affaires, par l'intermédiaire des banques. Celles-ci prêtent l'argent à ceux qui en ont besoin pour des opérations mercantiles.

Le titulaire du compte-chèques jouit, en plus, de multiples avantages. Par exemple, son argent disponible est assuré contre le vol et l'incendie; les fuites qui se produisent presque inévitablement dans toute caisse assez importante (erreurs de compte, payements erronés, détournements, etc.) sont réduites à un minimum, puisque le client fait payer chez le banquier et par le banquier.

En Allemagne, de toutes les tentatives qui, dans les derniers temps, ont été faites en vue d'atténuer la rareté de l'argent, il n'y en a pas qui ait été aussi vivement discutée que l'idée d'une nouvelle réglementation de la circulation du chèque. Ainsi que la «Seehandlung», Banque de l'Etat prussien, le faisait remarquer dans une petite brochure en faveur du chèque, il y a encore beaucoup trop de métal qui circule à l'intérieur du pays. Les facteurs allemands transportent chaque jour 25 millions de marks (plus de douze milliards de francs par an) en espèces métalliques. La Chambre de commerce de Berlin a dernièrement répandu une circulaire publiée dans le même ordre d'idées. On devrait, disait-elle, multiplier l'emploi des virements et surtout des chèques. Il y aurait là, en effet, un moyen de faire des économies importantes de numéraire. Les espèces ainsi économisées se centraliseraient dans les caisses des Banques d'émission. Les besoins de numéraire auxquels celles-ci auraient à satisfaire se trouvant diminués, leur encaisse métallique serait fortifiée d'autant, ce qui permettrait d'abaisser le taux de l'escompte.

Jusqu'au début de l'année 1908, l'Allemagne n'avait pas de loi sur les chèques. Ceux-ci n'étaient mentionnés qu'incidemment dans la législation qui les affranchissait du droit de timbre. Pour le même motif, ils n'avaient pas de forme déterminée et pouvaient être présentés au remboursement au gré du propriétaire. L'absence de prescriptions légales entravait l'extension de ce mode de règlement. C'est ainsi que parfois les chèques circulaient de longues semaines, beaucoup de commerçants préférant s'en débarrasser en les remettant à des créanciers plutôt que d'accomplir les formalités du remboursement.

La nouvelle loi du 11 mars 1908 comble cette lacune. Elle établit, entre autres, que le chèque doit être présenté au remboursement dans les 10 jours de sa date, et limite aux banquiers le droit d'être les tirés d'un chèque. Enfin, elle organise l'emploi du chèque barré.

Il n'est pas encore possible d'apprécier les résultats de cette nouvelle réglementation.

En France, la loi en vigueur date du 14 juin 1865. Elle a été complétée par la loi du 19 février 1874.

Depuis 1865, le chèque est devenu d'un emploi assez fréquent en France, grâce notamment aux mandats blancs et rouges de la Banque de France qui sont assimilables au chèque. Son usage pourrait être cependant beaucoup plus général encore. Il peut y être tiré sur toute personne ayant provision et c'est une des grandes causes qui met obstacle à son développement. Tant que le droit de servir de tiré d'un chèque sera librement accordé à tout le monde, il pourra se produire facilement des irrégularités qui, minant la confiance du public, paralyseront les initiatives et, surtout dans les pays où, comme en France, l'usage du chèque est assez restreint, arrêteront les impulsions naissantes.

La nouvelle loi de l'Empire a imité, avec raison, l'exemple de l'Angleterre en bornant aux banquiers la faculté de servir de tirés, et l'expérience nous montre que le système anglais est préférable à la liberté trop large dont souffre le chèque en France.

Quelles mesures pourrait-on prendre en Allemagne et en France pour populariser l'emploi du chèque, abstraction faite de la réglementation légale?

Il ne s'agit de rien moins que de changer les habitudes du public en ce qui concerne les modes de payement. Pour cela, un travail infatigable est indispensable. Les institutions officielles, gouvernement, municipalités, etc., pourraient régler par chèques les traitements des fonctionnaires.

D'autre part, les Banques devraient renoncer à percevoir une commission sur le remboursement des chèques. La diminution de recettes en résultant serait compensée d'abord par une augmentation de la clientèle, donc des dépôts que le banquier emploierait à des opérations productives, ensuite par les intérêts du montant du chèque pendant l'espace de temps s'écoulant entre le jour du tirage et celui de la présentation au remboursement[1]). Les titulaires de comptes devraient, par conséquent, admettre le droit pour leur banquier de les débiter des sommes prélevées par chèques à partir du jour du tirage. Le chèque doit être présenté en France dans les 5 jours, s'il est payable au lieu de l'émission, dans les 8 jours, s'il est déplacé. En Allemagne, il n'y a qu'un délai unique de 10 jours. Dans le cas le plus favorable, le banquier bénéficierait des intérêts pendant le délai maximum.

Il faudrait généraliser avant tout l'usage du chèque barré, tel qu'il l'est en Angleterre et aux Etats-Unis et, toujours à l'exemple de ces deux pays, ne remettre de carnet de chèques qu'à la personne offrant de sérieuses garanties d'honorabilité et de solvabilité et dont deux parrains affirment, par leur signature, qu'ils l'estiment digne de cette marque de confiance[2]).

Le chèque barré se distingue du chèque ordinaire en ce qu'il ne peut être touché à la banque de dépôt que par un banquier[3]). A cet effet, le titre est traversé par deux barres parallèles entre lesquelles le premier propriétaire du chèque inscrit le nom du banquier chargé de recouvrer le montant.

«Le chèque barré, ou plutôt le chèque anglais, — dit

---

[1]) cf. un article sur l'emploi du chèque en Allemagne, paru dans la «Deutsche Handelsschullehrerzeitung» No 13 de l'année 1906: Dr. H. Nicklisch: «Erfüllt der deutsche Scheckverkehr seinen Zweck?»

[2]) M. E. van der Smissen dit, à ce propos: «Il n'est peut être pas de plus grand encouragement aux dépôts en banque que la circonspection avec laquelle les banquiers britanniques remettent les carnets de chèques. Il y a là pour la clientèle sérieuse une garantie hautement appréciable.» op. cit. p. 71.

[3]) Selon la loi du 14 juin 1865, la présentation au remboursement peut, en France, se faire aussi par un officier public. Art. 65.

M. E. van der Smissen, — est devenu un ordre de compensation, une pièce comptable. Il ne constitue pas un paiement[1]).»

Ce genre de chèque a deux avantages essentiels: il offre pleine sécurité de transport par la poste ou par garçon de bureau et son envoi par courrier peut se faire sans avoir à payer de frais de recommandation ou de chargement.

Enfin, le moyen le plus général de populariser l'usage du chèque serait la création du chèque postal, telle qu'elle est envisagée par le gouvernement allemand et sera probablement réalisée sous peu.

Dans un même ordre d'idées, l'Autriche et la Suisse ont déjà marché de l'avant en utilisant la caisse d'épargne postale aux fins du chèque. Cette organisation date, en Autriche, du 12 janvier 1883 en vertu d'une loi du 28 mai 1882. Elle a son bureau central à Vienne; près de 80000 comptes de chèques y sont ouverts. En 1907, elle exécuta pour plus de 45 milliards de payements au profit ou à la charge des titulaires.

Cette réforme produira certainement d'heureux effets en Allemagne et il est à souhaiter qu'elle soit bientôt indroduite en France. Les caisses d'épargne publiques sont nombreuses et bien administrées. Elles disposent de grosses sommes en numéraire et peuvent favoriser puissamment la circulation des chèques dans les milieux où elles sont avant tout appelées à agir. Le mode de règlement dont les caisses d'épargne usent de nos jours est, en France comme en Allemagne, presque toujours le payement en espèces. Il y a donc possibilité de perfectionner ce procédé dans l'intérêt de la Banque d'émission,

---

[1]) E. van der Smissen. op. cit. p. 21.

de la circulation des billets, du marché de l'argent, de l'industrie et du commerce, bref de tout le pays.

Naturellement, il ne faudrait pas s'exagérer l'influence de cette réforme. L'escompte n'est pas seulement dépendant du marché intérieur. Il est aussi régi par des facteurs d'ordre international. Ceux qui exercent surtout une action décisive sur lui sont le change, la production des métaux précieux, les conditions du marché économique dans les principaux pays et la concurrence générale au sujet de l'or. Par suite, même une habile organisation de la circulation des chèques devrait, pour être plus efficace, marcher, en Allemagne, de pair avec des réformes légales et statutaires de la Reichsbank, dans le genre de celles dont nous avons parlé au début de ce chapitre.

Envisageons enfin un remède idéal à la situation difficile du marché allemand, idéal dans un double sens, parce qu'il n'a guère qu'une imperfection, c'est d'être presque irréalisable.

Depuis 1870, comme l'exprime si justement et si clairement M. Victor Bérard dans la Revue de Paris[1]), «l'énergie et la science allemandes ont voulu reconquérir la fortune: depuis 1890, elles y ont réussi. L'Allemagne est redevenue riche cependant elle n'a pas encore de capitaux. C'est que les salaires et les bénéfices de son travail, qui sont énormes, passent tout entiers dans ses affaires. Avec son habitude de crédits illimités, avec son ambition de clientèle mondiale, elle consent à l'univers de colossales avances en marchandises; ses gains, au fur et à mesure, sont tout aussitôt replacés en avances que, chaque jour, elle ne fait que renouveler et augmenter encore.»

---

[1]) Victor Bérard. Finance et Diplomatie. Revue de Paris du 15 novembre 1907. p. 444, 445.

D'autre part, l'épargne française est à la recherche de placements sûrs et plus avantageux que les placements nationaux. L'Allemagne, avec sa solide organisation politique, est bien faite pour inspirer confiance. Ses papiers d'Etat, ses obligations de villes sont des valeurs de tout repos, et cependant elles ne sont guère recherchées, par suite de la fièvre commerciale et industrielle qui raréfie les capitaux pour les placements de petit rapport.

L'épargne française qui accepte du 3 % français à 99 francs[1]) obtiendrait, en fonds publics allemands, la même rente avec un capital de 90 francs.

Le marché de l'argent, dans l'Empire, en subirait une certaine détente, les capitalistes français augmenteraient la productivité de leurs placements et cette direction des affaires tendrait à l'apaisement universel par la communauté des intérêts.[2]) Il est malheureusement à craindre que la politique, avec ses complications inattendues et presque continuelles, ne relègue un tel accord financier au rang des utopies.

---

[1]) Moyennes de 1905: 3 % français: 99,21; 3 % allemand: 90,08. Volkswirtschaftliche Chronik für das Jahr 1905, p. 820.

[2]) M. Raphaël Georges Lévy dit, dans un article récemment paru dans la «Revue des deux mondes»: «Convient-il (aux Français) de venir en aide aux Allemands en fournissant des capitaux à leurs entreprises et en contribuant ainsi indirectement à leur prospérité? Au premier abord, on reste perplexe: mais si on réfléchit qu'un choix judicieux des entreprises nous fera porter nos capitaux vers celles qui promettent, non seulement un revenu rémunérateur, mais une plus-value de capital, et que, de plus, nous devons avoir soin de n'acheter que des titres ayant un large marché dans leur pays d'origine, de façon à pouvoir les y revendre en cas de besoin, on arrivera à la conclusion qu'il y a de bonnes raisons pour ne pas rayer l'Allemagne de la liste des pays où nous cherchons à faire fructifier une partie de notre épargne.» (L'Allemagne économique et financière au début de 1908, livraison du 1er mars 1908 de la Revue des deux mondes.)

XVIII. Annexes.

1. Tableaux comparés des escomptes privé et officiel à Paris et à Berlin de 1898 à 1907.[1])

[1]) Voir remarque p. 149 et 150.

Les données de l'«Economist» qui diffèrent des chiffres mentionnés aux rapports annuels, sont indiquées entre parenthèses à côté des chiffres officiels d'après lesquels seuls les écarts sont calculés.

Tableau A — Dates	Paris Escompte offi-ciel	Paris Escompte pri-vé	Ecarts : plus de — et au plus $\frac{1}{2}$	plus de $\frac{1}{2}$ et au plus 1	plus de 1 et au plus $1\frac{1}{2}$	plus de $1\frac{1}{2}$ et au plus 2	plus de 2 et au plus —	Berlin Escompte officiel	Berlin Escompte pri-vé	Ecarts : plus de — et au plus $\frac{1}{2}$	plus de $\frac{1}{2}$ et au plus 1	plus de 1 et au plus $1\frac{1}{2}$	plus de $1\frac{1}{2}$ et au plus 2	plus de 2 et au plus —
1898														
1er janvier	2	2	0					5	$3\frac{3}{8}$				$1\frac{5}{8}$	
8 »		2	0						$3\frac{3}{8}$				$1\frac{5}{8}$	
15 »		2	0						$3\frac{1}{4}$				$1\frac{6}{8}$	
22 »		2	0					4	$3\frac{1}{8}$		$\frac{7}{8}$			
29 »		2	0						$2\frac{7}{8}$			$1\frac{1}{8}$		
5 février		$1\frac{15}{16}$	$\frac{1}{16}$						$2\frac{7}{8}$			$1\frac{1}{8}$		
12 »		$1\frac{3}{4}$	$\frac{1}{4}$						$2\frac{5}{8}$			$1\frac{3}{8}$		
19 »		$1\frac{3}{4}$	$\frac{1}{4}$					3	$2\frac{1}{2}$	$\frac{1}{2}$				
26 »		$1\frac{7}{8}$	$\frac{1}{8}$						$2\frac{3}{8}$		$\frac{5}{8}$			
5 mars		$1\frac{3}{4}$	$\frac{1}{4}$						$2\frac{5}{8}$	$\frac{3}{8}$				
12 »		$1\frac{3}{4}$	$\frac{1}{4}$						$2\frac{3}{4}$	$\frac{1}{4}$				
19 »		$1\frac{3}{4}$	$\frac{1}{4}$						$2\frac{3}{4}$	$\frac{1}{4}$				
26 »		$1\frac{7}{8}$	$\frac{1}{8}$						$2\frac{3}{4}$	$\frac{1}{4}$				
2 avril		$1\frac{7}{8}$	$\frac{1}{8}$						$2\frac{3}{4}$	$\frac{1}{4}$				
9 »		$1\frac{7}{8}$	$\frac{1}{8}$					4 (3)	$2\frac{3}{4}$			$1\frac{1}{4}$		
16 »		$1\frac{7}{8}$	$\frac{1}{8}$						$3\frac{1}{8}$		$\frac{7}{8}$			
23 »		2	0						$3\frac{3}{4}$	$\frac{1}{4}$				
30 »		2	0						$3\frac{3}{4}$	$\frac{1}{4}$				
7 mai		$1\frac{7}{8}$	$\frac{1}{8}$						$3\frac{1}{4}$		$\frac{3}{4}$			
14 »		$1\frac{3}{4}$	$\frac{1}{4}$						$3\frac{3}{8}$		$\frac{5}{8}$			
21 »		$1\frac{3}{4}$	$\frac{1}{4}$						$3\frac{1}{4}$		$\frac{3}{4}$			
28 »		$1\frac{3}{4}$	$\frac{1}{4}$						$3\frac{1}{4}$		$\frac{3}{4}$			
4 juin		$1\frac{3}{4}$	$\frac{1}{4}$						$3\frac{3}{8}$		$\frac{5}{8}$			
11 »		$1\frac{3}{4}$	$\frac{1}{4}$						$3\frac{1}{2}$	$\frac{1}{2}$				
18 »		$1\frac{3}{4}$	$\frac{1}{4}$						$3\frac{3}{4}$	$\frac{1}{4}$				
25 »		$1\frac{3}{4}$	$\frac{1}{4}$						$3\frac{3}{4}$	$\frac{1}{4}$				
2 juillet		$1\frac{7}{8}$	$\frac{1}{8}$						$3\frac{1}{2}$	$\frac{1}{2}$				
9 »		$1\frac{3}{4}$	$\frac{1}{4}$						$3\frac{3}{8}$		$\frac{5}{8}$			
16 »		$1\frac{3}{4}$	$\frac{1}{4}$						$3\frac{1}{4}$		$\frac{3}{4}$			
23 »		$1\frac{3}{4}$	$\frac{1}{4}$						$3\frac{1}{4}$		$\frac{3}{4}$			
30 »		$1\frac{7}{8}$	$\frac{1}{8}$						$3\frac{1}{8}$		$\frac{7}{8}$			
6 août		$1\frac{3}{4}$	$\frac{1}{4}$						$3\frac{1}{8}$		$\frac{7}{8}$			
13 »		$1\frac{3}{4}$	$\frac{1}{4}$						$3\frac{1}{4}$		$\frac{3}{4}$			
20 »		$1\frac{3}{4}$	$\frac{1}{4}$						$3\frac{1}{4}$		$\frac{3}{4}$			
27 »		$1\frac{7}{8}$	$\frac{1}{8}$						$3\frac{1}{4}$		$\frac{3}{4}$			
3 septembre		$1\frac{5}{8}$	$\frac{3}{8}$						$3\frac{3}{8}$		$\frac{5}{8}$			
10 »		$1\frac{3}{4}$	$\frac{1}{4}$						$3\frac{5}{8}$	$\frac{3}{8}$				
17 »		$1\frac{3}{4}$	$\frac{1}{4}$						$3\frac{5}{8}$	$\frac{3}{8}$				
24 »		$1\frac{7}{8}$	$\frac{1}{8}$						$3\frac{3}{4}$	$\frac{1}{4}$				
1er octobre		$1\frac{7}{8}$	$\frac{1}{8}$						$3\frac{7}{8}$	$\frac{1}{8}$				
8 »		$1\frac{7}{8}$	$\frac{1}{8}$						4	0				
15 »		2	0					5	$3\frac{7}{8}$			$1\frac{1}{8}$		
22 »	3	$2\frac{3}{8}$		$\frac{5}{8}$					$4\frac{1}{8}$		$\frac{7}{8}$			
29 »		$2\frac{3}{4}$	$\frac{2}{8}$						$4\frac{3}{8}$		$\frac{5}{8}$			
5 novembre		$2\frac{3}{4}$	$\frac{1}{4}$						$4\frac{3}{8}$		$\frac{5}{8}$			
12 »		$2\frac{7}{8}$	$\frac{1}{8}$					$5\frac{1}{2}$	$4\frac{7}{8}$		$\frac{5}{8}$			
19 »		3	0					6 ($5\frac{1}{2}$)	$4\frac{7}{8}$			$1\frac{1}{8}$		
26 »		3	0						$5\frac{1}{8}$		$\frac{7}{8}$			
3 décembre		3	0						5		1			
10 »		3	0						$5\frac{1}{4}$		$\frac{3}{4}$			
17 »		3	0						$5\frac{1}{2}$	$\frac{1}{2}$				
24 »		3	0						$5\frac{3}{8}$		$\frac{5}{8}$			
31 »		3	0						$4\frac{7}{8}$			$1\frac{1}{8}$		
		53	52	1	—	—	—		53	18	25	7	3	—

Tableau B Dates	Paris Escompte officiel	Paris Escompte privé	Écarts: plus de — et au plus 1/2	plus de 1/2 et au plus 1	plus de 1 et au plus 1 1/2	plus de 1 1/2 et au plus 2	plus de 2 et au plus —	Berlin Escompte officiel	Berlin Escompte privé	Écarts: plus de — et au plus 1/2	plus de 1/2 et au plus 1	plus de 1 et au plus 1 1/2	plus de 1 1/2 et au plus 2	plus de 2 et au plus —
1899														
7 janvier	3	3	0					6	4 7/8			1 1/8		
14 »		3	0						4 5/8			1 3/8		
21 »		2 7/8	1/8					5	4 1/8		7/8			
28 »		2 15/16	1/16						3 7/8			1 1/8		
4 février		2 15/16	1/16						3 3/4			1 1/4		
11 »		2 3/4	1/4						3 3/4			1 1/4		
18 »		2 7/8	1/8						3 3/4			1 1/4		
25 »		2 3/4	1/4					4 1/2	3 1/4			1 1/4		
4 mars		2 7/8	1/8						4	1/2				
11 »		2 3/4	1/4						4 1/4	1/4				
18 »		2 5/8	3/8						4 3/8	1/8				
25 »		2 7/8	1/8						4 3/8	1/8				
8 avril		2 7/8	1/8						3 3/4		3/4			
15 »		2 3/4	1/4						3 3/4		3/4			
22 »		2 3/4	1/4						3 5/8		7/8			
29 »		2 15/16	1/16						3 5/8		7/8			
6 mai		2 15/16	1/16						3 1/2		1			
13 »		2 7/8	1/8					4	3 1/2	1/2				
20 »		2 7/8	1/8						3 5/8	3/8				
27 »		2 7/8	1/8						3 3/4	1/4				
3 juin		2 7/8	1/8						3 5/8	3/8				
10 »		2 3/4	1/4						3 3/4	1/4				
17 »		2 3/4	1/4						4	0				
24 »		2 3/4	1/4					4 1/2	4 1/8	3/8				
1er juillet		2 7/8	1/8						4	1/2				
8 »		2 3/4	1/4						3 3/4		3/4			
15 »		2 3/4	1/4						3 5/8			7/8		
22 »		2 7/8	1/8						3 7/8		5/8			
29 »		2 7/8	1/8						3 3/4		3/4			
5 août		2 15/16	1/16						4 1/8	3/8				
12 »		2 15/16	1/16					5	4 1/4		3/4			
19 »		2 5/8	3/8						4 3/4	1/4				
26 »		2 5/8	3/8						4 5/8	3/8				
2 septembre		2 3/4	1/4						4 5/8	3/8				
9 »		2 5/8	3/8						4 3/4	1/4				
16 »		2 3/4	1/4						5	0				
23 »		2 7/8	1/8						4 3/4	1/4				
30 »		3	0						5	0				
7 octobre		3	0					6	5		1			
14 »		3	0						4 7/8			1 1/8		
21 »		3	0						5 1/4		3/4			
28 »		3	0						5 1/4		3/4			
4 novembre		3	0						5 1/8		7/8			
11 »		3	0						5 3/4	1/4				
18 »		3	0						5 7/8	1/8				
25 »		3	0						5 5/8	3/8				
2 décembre		3	0						5 5/8	3/8				
9 »	3 1/2	3	1/2						5 3/4	1/4				
16 »		3	1/2						6	0				
23 »	4 1/2	3			1 1/2			7	6 3/8		5/8			
30 »		4 1/2	0						6 1/8		7/8			
		51	50	—	1	—	—		51	26	16	9	—	—

Tableau C — Dates	Paris Escompte officiel	Paris Escompte privé	Écarts : plus de — et au plus $\frac{1}{2}$	plus de $\frac{1}{2}$ et au plus 1	plus de 1 et au plus $1\frac{1}{2}$	plus de $1\frac{1}{2}$ et au plus 2	plus de 2 et au plus —	Berlin Escompte officiel	Berlin Escompte privé	Écarts : plus de — et au plus $\frac{1}{2}$	plus de $\frac{1}{2}$ et au plus 1	plus de 1 et au plus $1\frac{1}{2}$	plus de $1\frac{1}{2}$ et au plus 2	plus de 2 et au plus —
1900														
6 janvier	$4\frac{1}{2}$	$4\frac{1}{2}$	0					7	$5\frac{5}{8}$			$1\frac{3}{8}$		
13 »	4	4	0					6	$4\frac{1}{4}$				$1\frac{3}{4}$	
20 »		$3\frac{7}{8}$	$\frac{1}{8}$						$4\frac{1}{8}$				$1\frac{7}{8}$	
27 »	$3\frac{1}{2}$ (3)	$3\frac{7}{8}$	excédent de $\frac{3}{8}$					$5\frac{1}{2}$(6)	$4\frac{1}{8}$			$1\frac{3}{8}$		
3 février		$3\frac{1}{2}$	0						$3\frac{7}{8}$				$1\frac{5}{8}$	
10 »		$3\frac{3}{8}$	$\frac{1}{8}$						$3\frac{3}{4}$				$1\frac{3}{4}$	
17 »		$3\frac{3}{8}$	$\frac{1}{8}$						4			$1\frac{1}{2}$		
24 »		$3\frac{3}{8}$	$\frac{1}{8}$						$4\frac{3}{4}$		$\frac{3}{4}$			
3 mars		$3\frac{3}{8}$	$\frac{1}{8}$						$4\frac{7}{8}$		$\frac{5}{8}$			
10 »		$3\frac{3}{8}$	$\frac{1}{8}$						$5\frac{1}{8}$	$\frac{3}{8}$				
17 »		$3\frac{3}{8}$	$\frac{1}{8}$						$5\frac{1}{4}$	$\frac{1}{4}$				
24 »		$3\frac{1}{2}$	0						$5\frac{3}{8}$	$\frac{1}{8}$				
31 »		$3\frac{1}{2}$	0						$5\frac{1}{4}$	$\frac{1}{4}$				
7 avril		$3\frac{1}{2}$	0						$4\frac{3}{8}$			$1\frac{1}{8}$		
14 »		$3\frac{1}{2}$	0						$4\frac{3}{8}$			$1\frac{1}{8}$		
21 »		$3\frac{1}{2}$	0						$4\frac{1}{2}$		1			
28 »		$3\frac{1}{2}$	0						$4\frac{3}{8}$			$1\frac{1}{8}$		
5 mai		$3\frac{1}{2}$	0						$4\frac{1}{2}$		1			
12 »		$3\frac{1}{4}$	$\frac{1}{4}$						$4\frac{1}{2}$		1			
19 »	$3\frac{1}{2}$	$3\frac{1}{4}$	$\frac{1}{4}$						$4\frac{1}{2}$		1			
26 »	3	3	0						$4\frac{1}{2}$		1			
2 juin		$2\frac{3}{4}$	$\frac{1}{4}$						$4\frac{5}{8}$		$\frac{7}{8}$			
9 »		$2\frac{7}{8}$	$\frac{1}{8}$						$4\frac{5}{8}$		$\frac{7}{8}$			
16 »		$2\frac{3}{4}$	$\frac{1}{4}$						$5\frac{1}{8}$	$\frac{3}{8}$				
23 »		$2\frac{3}{4}$	$\frac{1}{4}$						$4\frac{7}{8}$		$\frac{5}{8}$			
30 »		$2\frac{7}{8}$	$\frac{1}{8}$						$4\frac{3}{4}$		$\frac{3}{4}$			
7 juillet		$2\frac{7}{8}$	$\frac{1}{8}$						$4\frac{1}{8}$			$1\frac{3}{8}$		
14 »		$2\frac{7}{8}$	$\frac{1}{8}$					5	4		1			
21 »		$2\frac{7}{8}$	$\frac{1}{8}$						4		1			
28 »		$2\frac{15}{16}$	$\frac{1}{16}$						4		1			
4 août		$2\frac{7}{8}$	$\frac{1}{8}$						4		1			
11 »		$2\frac{3}{4}$	$\frac{1}{4}$						$4\frac{1}{4}$		$\frac{3}{4}$			
18 »		$2\frac{15}{16}$	$\frac{1}{16}$						$4\frac{1}{8}$		$\frac{7}{8}$			
25 »		$2\frac{5}{8}$	$\frac{3}{8}$						4		1			
1er septembre		$2\frac{5}{8}$	$\frac{3}{8}$						$3\frac{7}{8}$			$1\frac{1}{8}$		
8 »		$2\frac{5}{8}$	$\frac{3}{8}$						$4\frac{1}{8}$		$\frac{7}{8}$			
15 »		$2\frac{5}{8}$	$\frac{3}{8}$						$4\frac{5}{8}$	$\frac{3}{8}$				
22 »		$2\frac{3}{4}$	$\frac{1}{4}$						$4\frac{1}{2}$	$\frac{1}{2}$				
29 »		$2\frac{7}{8}$	$\frac{1}{8}$						$4\frac{1}{2}$	$\frac{1}{2}$				
6 octobre		3	0						4		1			
13 »		3	0						$4\frac{1}{8}$		$\frac{7}{8}$			
20 »		3	0						$4\frac{1}{8}$		$\frac{7}{8}$			
27 »		3	0						$3\frac{7}{8}$			$1\frac{1}{8}$		
3 novembre		3	0						4		1			
10 »		$2\frac{7}{8}$	$\frac{1}{8}$						$4\frac{1}{8}$		$\frac{7}{8}$			
17 »		$2\frac{7}{8}$	$\frac{1}{8}$						$4\frac{1}{4}$		$\frac{3}{4}$			
24 »		$2\frac{7}{8}$	$\frac{1}{8}$						$4\frac{1}{4}$		$\frac{3}{4}$			
1er décembre		3	0						$4\frac{1}{4}$		$\frac{3}{4}$			
8 »		3	0						$4\frac{1}{4}$		$\frac{3}{4}$			
15 »		3	0						$4\frac{5}{8}$	$\frac{3}{8}$				
22 »		3	0						$4\frac{3}{4}$	$\frac{1}{4}$				
29 »		3	0						$4\frac{5}{8}$	$\frac{3}{8}$				
		52	52	—	—	—	—		52	11	28	9	4	—

Tableau D	Paris Escompte		Écarts : plus de — et au plus ½	plus de ½ et au plus 1	plus de 1 et au plus 1½	plus de 1½ et au plus 2	plus de 2 et au plus —	Berlin Escompte		Écarts : plus de — et au plus ½	plus de ½ et au plus 1	plus de 1 et au plus 1½	plus de 1½ et au plus 2	plus de 2 et au plus —
Dates	officiel	privé						officiel	privé					
1901														
5 janvier	3	3	0					5	3 7/8			1 1/8		
12 »		3	0						3 5/8			1 3/8		
19 »		2 7/8	1/8						3 1/2			1 1/2		
26 »		2 7/8	1/8						3 3/8				1 5/8	
2 février		2 13/16	3/16						3 1/8				1 7/8	
9 »		2 1/2	1/2						3				2	
16 »		2 3/8		5/8					3 1/8				1 7/8	
23 »		2 1/2	1/2						3 3/8				1 5/8	
2 mars		2 1/2	1/2					4 1/2	3 3/8			1 1/8		
9 »		2 1/2	1/2						3 1/2		1			
16 »		2 3/8		5/8					3 7/8		5/8			
23 »		2 5/8	3/8						4	1/2				
30 »		2 3/4	1/4						3 7/8		5/8			
6 avril		2 13/16	3/16						3 5/8		7/8			
13 »		2 3/4	1/4						3 1/2		1			
20 »		2 5/8	3/8						3 1/2		1			
27 »		2 3/4	1/4					4	3 1/8		7/8			
4 mai		2 5/8	3/8						3		1			
11 »		2 3/4	1/4						3 1/4		3/4			
18 »		2 3/4	1/4						3 3/8		5/8			
25 »		2 1/2	1/2						3 1/8		7/8			
1er juin		2 1/2	1/2						3 1/8		7/8			
8 »		2 3/8		5/8					3 1/8		7/8			
15 »		2		1					3 1/8		7/8			
22 »		1 7/8			1 1/8			3 1/2	3 1/8	3/8				
29 »		2		1					3 1/4	1/4				
6 juillet		2		1					3	1/2				
13 »		2		1					3	1/2				
20 »		2		1					2 3/4		3/4			
27 »		2		1					2 5/8		7/8			
3 août		2		1					2 1/4			1 1/4		
10 »		2 1/16		15/16					2 1/4			1 1/4		
17 »		1 5/8			1 3/8				2 1/4			1 1/4		
24 »		2 1/16		15/16					2 3/8			1 1/8		
31 »		1 3/4			1 1/4				2 1/4			1 1/4		
7 septembre		1 3/4			1 1/4				2 1/2		1			
14 »		1 5/8			1 3/8				2 1/2		1			
21 »		1 7/8			1 1/8				2 3/4		3/4			
28 »		1 1/2			1 1/2			4	3		1			
5 octobre		1 5/8			1 3/8				2 3/4			1 1/4		
12 »		2 1/4		3/4					2 1/2			1 1/2		
19 »		2 5/8	3/8						3		1			
26 »		2 7/8	1/8						3		1			
2 novembre		3	0						2 7/8			1 1/8		
9 »		2 7/8	1/8						3		1			
16 »		2 3/4	1/4						3		1			
23 »		2 3/8		5/8					2 7/8			1 1/8		
30 »		2 5/8	3/8						2 7/8			1 1/8		
7 décembre		2 5/8	3/8						2 15/16			1 1/16		
14 »		2 3/4	1/4						3		1			
21 »		3	0						3 1/4		3/4			
28 »		2 3/4	1/4						3 1/8		7/8			
		52	30	14	8	—	—		52	5	27	15	5	—

Tableau E — Dates	Paris Escompte offi-ciel	Paris Escompte pri-vé	Écarts : plus de — et au plus 1/2	Écarts : plus de 1/2 et au plus 1	Écarts : plus de 1 et au plus 1 1/2	Écarts : plus de 1 1/2 et au plus 2	Écarts : plus de 2 et au plus —	Berlin Escompte officiel	Berlin Escompte pri-vé	Écarts : plus de — et au plus 1/2	Écarts : plus de 1/2 et au plus 1	Écarts : plus de 1 et au plus 1 1/2	Écarts : plus de 1 1/2 et au plus 2	Écarts : plus de 2 et au plus —
1902														
4 janvier	3	2 3/4	1/4					4	2 5/8			1 3/8		
11 »		2 3/4	1/4						2 3/8				1 5/8	
18 »		2 3/4	1/4					3 1/2 (4)	2			1 1/2		
25 »		2 7/8	1/8					3 1/2 (4)	2 1/8			1 3/8		
1er février		2 7/8	1/8					3 1/2	2 1/8			1 3/8		
8 »		2 5/8	3/8						2 1/8			1 3/8		
15 »		2 1/2	1/2					3	1 7/8			1 1/8		
22 »		2 3/8		5/8					1 3/4			1 1/4		
1er mars		2 3/8		5/8					1 5/8			1 3/8		
8 »		2 1/4		3/4					1 1/2			1 1/2		
15 »		2 1/4		3/4					1 7/8			1 1/8		
22 »		2 1/8		7/8					2		1			
29 »		2 5/16		11/16					2		1			
5 avril		2 1/4		3/4					1 3/4			1 1/4		
12 »		2 1/4		3/4					1 3/4			1 1/4		
19 »		2 3/8		5/8					1 3/4			1 1/4		
26 »		2		1					1 3/4			1 1/4		
3 mai		2		1					1 3/4			1 1/4		
10 »		1 7/8			1 1/8				1 7/8			1 1/8		
17 »		1 7/8			1 1/8				2 1/8		7/8			
24 »		1 3/4			1 1/4				2 1/4		3/4			
31 »		1 7/8			1 1/8				2 1/8		7/8			
7 juin		2		1					2 1/2	1/2				
14 »		1 3/4			1 1/4				2 1/8		7/8			
21 »		2 3/8		5/8					2 1/4		3/4			
28 »		2 9/16	7/16						2 1/4		3/4			
5 juillet		2 3/8		5/8					1 7/8			1 1/8		
12 »		2 1/2	1/2						1 5/8			1 3/8		
19 »		2 1/2	1/2						1 1/2			1 1/2		
26 »		2 1/4		3/4					1 1/2			1 1/2		
2 août		2 5/16		11/16					1 1/2			1 1/2		
9 »		1 7/8			1 1/8				1 5/8			1 3/8		
16 »		1 7/8			1 1/8				1 7/8			1 1/8		
23 »		1 7/8			1 1/8				1 3/4			1 1/4		
30 »		2		1					1 7/8			1 1/8		
6 septembre		1 3/4			1 1/4				1 3/4			1 1/4		
13 »		1 3/4			1 1/4				2		1			
20 »		2		1					2 3/8		5/8			
27 »		2 3/8		5/8					2 1/2	1/2				
4 octobre		2		1				4 (3)	2 5/8			1 3/8		
11 »		2 1/4		3/4				4 (3)	2 3/8				1 5/8	
18 »		2 1/2	1/2					4	3		1			
25 »		2 7/8	1/8						2 3/4			1 1/4		
1er novembre		3	0						3		1			
8 »		2 7/8	1/8						3		1			
15 »		3	0						3		1			
22 »		3	0						3 1/4		3/4			
29 »		3	0						3 1/4		3/4			
6 décembre		2 3/4	1/4						3 1/4		3/4			
13 »		2 3/4	1/4						3 3/8		5/8			
20 »		2 13/16	3/16						3 1/2	1/2				
27 »		2 15/16	1/16						3 1/2	1/2				
		52	21	21	10	—	—		52	4	18	28	2	—

Tableau F / Dates	Paris Escompte officiel	Paris Escompte privé	Ecarts: plus de 1/2 et au plus 1/2	plus de 1 et au plus 1	plus de 1 1/2 et au plus 1 1/2	plus de 2 et au plus 2	plus de 2 et au plus —	Berlin Escompte officiel	Berlin Escompte privé	Ecarts: plus de — et au plus 1/2	plus de 1/2 et au plus 1	plus de 1 et au plus 1 1/2	plus de 1 1/2 et au plus 2	plus de 2 et au plus —
1903														
3 janvier	3	2 3/16		13/16				4	3 1/2	1/2				
10 »		2 7/8	1/8						2 1/2			1 1/2		
17 »		2 7/8	1/8						2 3/8				1 5/8	
24 »		2 7/8	1/8						2 1/8				1 7/8	
31 »		2 7/8	1/8						2				2	
7 février		2 13/16	3/16						1 7/8					2 1/8
14 »		2 7/8	1/8					3 1/2	1 7/8				1 5/8	
21 »		2 3/4	1/4						1 7/8				1 5/8	
28 »		2 3/4	1/4						2			1 1/2		
7 mars		2 7/8	1/8						2 1/4			1 1/4		
14 »		2 7/8	1/8						2 1/2		1			
21 »		2 7/8	1/8						3	1/2				
28 »		3	0						3	1/2				
4 avril		2 7/8	1/8						2 3/8			1 1/8		
11 »		2 15/16	1/16						2 3/8			1 1/8		
18 »		2 7/8	1/8						2 5/8		7/8			
25 »		2 7/8	1/8						2 5/8		7/8			
2 mai		2 7/8	1/8						2 7/8		5/8			
9 »		2 3/4	1/4						3	1/2				
16 »		2 11/16	5/16						3	1/2				
23 »		2 5/8	3/8						3 1/8	3/8				
30 »		2 5/8	3/8						3 1/8	3/8				
6 juin		2 5/8	3/8						3 1/8	3/8				
13 »		2 5/8	3/8					4	3 1/8		7/8			
20 »		2 5/8	3/8						3 3/8		5/8			
27 »		2 3/8		5/8					3 1/2	1/2				
4 juillet		2 3/4	1/4						3		1			
11 »		2 5/8	3/8						2 3/4			1 1/4		
18 »		2 7/8	1/8						2 7/8			1 1/8		
25 »		2 5/8	3/8						3		1			
1er août		2 1/2	1/2						3 1/8		7/8			
8 »		2 1/8		7/8					3 1/4		3/4			
15 »		2 3/16		13/16					3 1/8		7/8			
22 »		2 1/4		3/4					3 3/8		5/8			
29 »		2 1/2	1/2						3 3/8		5/8			
5 septembre		2 1/2	1/2						3 1/2	1/2				
12 »		2 1/2	1/2						3 3/4	1/4				
19 »		2 3/4	1/4						3 3/4	1/4				
26 »		2 3/4	1/4						3 3/4	1/4				
3 octobre		2 5/8	3/8						3 5/8	3/8				
10 »		2 5/8	3/8						3		1			
17 »		2 3/4	1/4						3 1/4		3/4			
24 »		2 3/4	1/4						3 1/2	1/2				
31 »		2 7/8	1/8						3 1/2	1/2				
7 novembre		2 3/4	1/4						3 3/8		5/8			
14 »		2 7/8	1/8						3 1/2	1/2				
21 »		2 7/8	1/8						3 1/2	1/2				
28 »		2 7/8	1/8						3 1/2	1/2				
5 décembre		2 3/4	1/4						3 3/8		5/8			
12 »		2 7/8	1/8						3 1/2	1/2				
19 »		2 7/8	1/8						3 5/8	3/8				
26 »		2 15/16	1/16						3 3/4	1/4				
		52	47	5	—	—	—		52	22	17	7	5	1

Tableau G	Paris Escompte		Ecarts: plus de — et au plus 1/2	Ecarts: plus de 1/2 et au plus 1	Ecarts: plus de 1 et au plus 1 1/2	Ecarts: plus de 1 1/2 et au plus 2	Ecarts: plus de 2 et au plus —	Berlin Escompte		Ecarts: plus de — et au plus 1/2	Ecarts: plus de 1/2 et au plus 1	Ecarts: plus de 1 et au plus 1 1/2	Ecarts: plus de 1 1/2 et au plus 2	Ecarts: plus de 2 et au plus —
Dates	officiel	privé						officiel	privé					
1904														
2 janvier	3	2 7/8	1/8					4	3 1/8		7/8			
9 »		2 7/8	1/8						2 3/4			1 1/4		
16 »		2 3/4	1/4						2 3/4			1 1/4		
23 »		2 3/4	1/4						2 3/8				1 5/8	
30 »		2 7/8	1/8						2 3/8				1 5/8	
6 février		2 5/8	3/8						2 1/4				1 3/4	
13 »		2 5/8	3/8						2 3/4			1 1/4		
20 »		2 1/2	1/2						3 1/8		7/8			
27 »		2 1/2	1/2						3		1			
5 mars		2 5/8	3/8						3 1/8		7/8			
12 »		2 5/8	3/8						3 3/8		5/8			
19 »		2 3/4	1/4						3 1/2	1/2				
26 »		2 3/4	1/4						3 3/4	1/4				
2 avril		2 3/4	1/4						3 1/4		3/4			
9 »		2 3/4	1/4						2 7/8			1 1/8		
16 »		2 3/4	1/4						2 3/4			1 1/4		
23 »		2 11/16	5/16						2 7/8			1 1/8		
30 »		2 5/8	3/8						2 7/8			1 1/8		
7 mai		2 1/2	1/2						3		1			
14 »		2 5/16		11/16					3		1			
21 »		2 5/16		11/16					3 3/8		5/8			
28 »		2 5/16		11/16					3		1			
4 juin		2 1/4		3/4					2 5/8			1 3/8		
11 »		1 3/4			1 1/4			.	2 7/8			1 1/8		
18 »		1 3/8				1 5/8			3		1			
25 »		1 1/2			1 1/2				3 1/8		7/8			
2 juillet		1 9/16			1 7/16				3 1/8		7/8			
9 »		1 3/8				1 5/8			2 1/2			1 1/2		
16 »		1 5/16				1 11/16			2 3/4			1 1/4		
23 »		1 3/8				1 5/8			2 1/2			1 1/2		
30 »		1 1/2			1 1/2				2 1/2			1 1/2		
6 août		1 1/4				1 3/4			2 5/8			1 3/8		
13 »		1 1/4				1 3/4			2 1/2			1 1/2		
20 »		1 1/8				1 7/8			2 3/4			1 1/4		
27 »		1 3/16				1 13/16			2 1/2			1 1/2		
3 septembre		1 1/4				1 3/4			2 5/8			1 3/8		
10 »		1 3/8				1 5/8			2 1/2			1 1/2		
17 »		1 3/8				1 5/8			3 1/8		7/8			
24 »		1 3/8				1 5/8			3 1/4		3/4			
1er octobre		1 3/8				1 5/8			3 1/8		7/8			
8 »		1 3/4			1 1/4				3 1/8		7/8			
15 »		2 1/8		7/8				5	3 1/2			1 1/2		
22 »		2 5/8	3/8						3 7/8			1 1/8		
29 »		2 5/8	3/8						4 1/8		7/8			
5 novembre		2 9/16	7/16						4 1/8		7/8			
12 »		2 9/16	7/16						4		1			
19 »		2 1/2	1/2						4 1/4		3/4			
26 »		2 14/16	2/16						3 7/8			1 1/8		
3 décembre		2 3/8		5/8					3 5/8			1 3/8		
10 »		2 3/8		5/8					3 7/8			1 1/8		
17 »		2 3/8		5/8					4 1/8		7/8			
24 »		2 9/16	7/16						4		1			
30 »		2 3/4	1/4						3 3/4			1 1/4		
		53	27	8	5	13	—		53	2	23	25	3	—

Tableau H — Dates	Paris Escompte officiel	Paris Escompte privé	Écarts: plus de — et au plus 1/2	plus de 1/2 et au plus 1	plus de 1 et au plus 1 1/2	plus de 1 1/2 et au plus 2	plus de 2	Berlin Escompte officiel	Berlin Escompte privé	Écarts: plus de — et au plus 1/2	plus de 1/2 et au plus 1	plus de 1 et au plus 1 1/2	plus de 1 1/2 et au plus 2	plus de 2
1905														
7 janvier	3	2 1/2	1/2					5	2 3/4					1/4
14 »		2 9/16	7/16					4 (5)	2 5/8			1 3/8		
21 »		2 9/16	7/16					4	2 3/8				1 5/8	
28 »		2 9/16	7/16						2 3/8				1 5/8	
4 février		2 9/16	7/16						2				2	
11 »		2 3/8		5/8					2				2	
18 »		1 7/8			1 1/8			3 1/2	2			1 1/2		
25 »		1 9/16			1 7/16			3 (3 1/2)	1 3/4			1 1/4		
4 mars		1 7/16				1 9/16		3 (3 1/2)	1 7/8			1 1/8		
11 »		1 5/8			1 3/8			3	2		1			
18 »		1 5/8			1 3/8				2 1/4		3/4			
25 »		1 3/4			1 1/4				2 1/4		3/4			
1er avril		2 1/4		3/4					2 1/2	1/2				
8 »		2 1/8		7/8					1 3/4			1 1/4		
15 »		2		1					1 3/4			1 1/4		
22 »		1 3/4			1 1/4				1 7/8			1 1/8		
29 »		2		1					2		1			
6 mai		1 3/4			1 1/4				2 3/8		5/8			
13 »		1 1/2			1 1/2				2 1/4		3/4			
20 »		1 1/2			1 1/2				2 1/4		3/4			
27 »		1 5/8			1 3/8				2 1/4		3/4			
3 juin		1 5/8			1 3/8				2 1/4		3/4			
10 »		1 5/8			1 3/8				2 1/8		7/8			
17 »		1 11/16			1 5/16				2 1/2	1/2				
24 »		1 3/4			1 1/4				2 1/4		3/4			
1er juillet		2		1					2 1/4		3/4			
8 »		2		1					2		1			
15 »		2		1					2 1/4		3/4			
22 »		1 3/4			1 1/4				2 1/8		7/8			
29 »		1 5/8			1 3/8				2		1			
5 août		1 1/2			1 1/2				2		1			
12 »		1 1/4				1 3/4			2		1			
19 »		1 1/4				1 3/4			2 3/8		5/8			
26 »		1 3/8				1 5/8			2 3/8		5/8			
2 septembre		1 3/8				1 5/8			2 1/2	1/2				
9 »		1 1/2			1 1/2				2 7/8	1/8				
16 »		1 5/8			1 3/8			4	2 7/8			1 1/8		
23 »		2		1					3 1/4		3/4			
30 »		2 1/4		3/4					3 3/8		5/8			
7 octobre		2 3/8		5/8				5	3 3/8				1 5/8	
14 »		2 3/4	1/4						4 1/8		7/8			
21 »		2 7/8	1/8						4		1			
28 »		2 7/8	1/8						4 1/4		3/4			
4 novembre		2 7/8	1/8					5 1/2 (5)	4 1/2		1			
11 »		2 7/8	1/8					5 1/2	4 5/8		7/8			
18 »		3	0						4 3/4		3/4			
25 »		3 1/2	excédent de 1/2						4 3/4		3/4			
2 décembre		3	0						4 5/8		7/8			
9 »		3	0						5	1/2				
16 »		3	0					6	5 1/4		3/4			
23 »		3	0						5 1/4		3/4			
30 »		3 1/8	excédent de 1/8						4 1/4				1 3/4	
		52	17	11	19	5	—		52	5	32	8	6	1

Tableau I	Paris Escompte		Ecarts : plus de — et au plus 1/2	plus de 1/2 et au plus 1	plus de 1 et au plus 1 1/2	plus de 1 1/2 et au plus 2	plus de 2 —	Berlin Escompte		Ecarts : plus de — et au plus 1/2	plus de 1/2 et au plus 1	plus de 1 et au plus 1 1/2	plus de 1 1/2 et au plus 2	plus de 2 —
Dates	officiel	privé						officiel	privé					
1906														
6 janvier	3	3	0					6	4 1/4				1 3/4	
13 »		2 13/16	3/16						4				2	
20 »		2 9/16	7/16					5	3 3/4			1 1/4		
27 »		2 3/8		5/8					3 5/8			1 3/8		
3 février		2 9/16	7/16						3 1/4				1 3/4	
10 »		2 3/8		5/8					3 1/4				1 3/4	
17 »		2 1/4		3/4					3 1/2			1 1/2		
24 »		2 5/8	3/8						3 1/4				1 3/4	
3 mars		2 1/2	1/2						3 5/8			1 3/8		
10 »		2 3/4	1/4						4		1			
17 »		2 3/4	1/4						4 1/2	1/2				
24 »		2 7/8	1/8						4 1/8		7/8			
31 »		3	0						4 1/8		7/8			
7 avril		3	0						3 3/8				1 5/8	
14 »		3	0						3 3/8				1 5/8	
21 »		3	0						3 3/8				1 5/8	
28 »		2 3/4	1/4						3 1/4				1 3/4	
5 mai		2 1/2	1/2						3 1/4				1 3/4	
12 »		2 1/2	1/2						3 3/8				1 5/8	
19 »		2 1/2	1/2						3 1/2			1 1/2		
26 »		2 1/2	1/2					4 1/2	3 1/2		1			
2 juin		2 1/2	1/2						3 3/8			1 1/8		
9 »		2 1/2	1/2						3 1/2		1			
16 »		2 1/2	1/2						3 7/8		5/8			
23 »		2 1/2	1/2						3 5/8		7/8			
30 »		2 5/8	3/8						3 7/8		5/8			
7 juillet		2 5/8	3/8						3 1/2		1			
14 »		2 5/8	3/8						3 1/2		1			
21 »		2 5/8	3/8						3 1/2		1			
28 »		2 5/8	3/8						3 3/8			1 1/8		
4 août		2 5/8	3/8						3 1/4			1 1/4		
11 »		2		1					3 3/8			1 1/8		
18 »		2 1/4		3/4					3 1/2		1			
25 »		2 1/8		7/8					3 1/2		1			
1er septembre		2 1/4		3/4					3 1/2		1			
8 »		2 1/2	1/2						3 7/8		5/8			
15 »		2 1/2	1/2						4 3/8	1/8				
22 »		2 5/8	3/8					5	4 3/8		5/8			
29 »		2 15/16	1/16						4 5/8	3/8				
6 octobre		2 7/8	1/8						4 3/8		5/8			
13 »		2 7/8	1/8					6	4 3/4			1 1/4		
20 »		2 7/8	1/8						4 7/8			1 1/8		
27 »		3	0						5		1			
3 novembre		3	0						5 1/4		3/4			
10 »		3	0						5 1/8		7/8			
17 »		3	0						5 3/8		5/8			
24 »		2 7/8	1/8						5 3/8		5/8			
1er décembre		2 7/8	1/8						5		1			
8 »		3	0						5 3/8		5/8			
15 »		3	0						5 1/2	1/2				
22 »		3	0					7 (6)	5 3/4			1 1/4		
29 »		3	0					7	5 3/4			1 1/4		
		52	45	7	—	—	—		52	4	24	13	11	—

Tableau J Dates	Paris Escompte offi-ciel	Paris Escompte privé	Ecarts : plus de — et au plus 1/2	plus de 1/2 et au plus 1	plus de 1 et au plus 1 1/2	plus de 1 1/2 et au plus 2	plus de 2 et au plus —	Berlin Escompte offi-ciel	Berlin Escompte privé	Ecarts : plus de — et au plus 1/2	plus de 1/2 et au plus 1	plus de 1 et au plus 1 1/2	plus de 1 1/2 et au plus 2	plus de 2 et au plus —
1907														
5 janvier	3	3	0					7	5 1/8				1 7/8	
12 »		3	0						5 1/4				1 3/4	
19 »		3	0						5				2	
26 »		3	0					6	4 3/8				1 5/8	
2 février		3	0						4 3/8				1 5/8	
9 »		3	0						4 1/2			1 1/2		
16 »		3	0						4 7/8			1 1/8		
23 »		3	0						4 5/8			1 3/8		
2 mars		3	0						4 7/8			1 1/8		
9 »		3	0						5 1/4		3/4			
16 »		3	0						5 5/8	3/8				
23 »	3 1/2	3 3/8	1/8						5 5/8	3/8				
30 »		3 3/8	1/8						5 5/8	3/8				
6 avril		3 3/8	1/8						5 3/8		5/8			
13 »		3 1/4	1/4						4 5/8			1 3/8		
20 »		3 1/4	1/4						4 1/2			1 1/2		
27 »		3 3/8	1/8					5 1/2	4			1 1/2		
4 mai		3 3/8	1/8						4 3/8			1 1/8		
11 »		3 3/8	1/8						4 1/4			1 1/4		
18 »		3 1/4	1/4						4 1/2		1			
25 »		3 3/8	1/8						4 1/2		1			
1er juin		3 3/8	1/8						4 5/8		7/8			
8 »		3 7/16	1/16						4 5/8		7/8			
15 »		3 1/4	1/4						4 5/8		7/8			
22 »		3 3/8	1/8						4 3/4		3/4			
29 »		3 3/8	1/8						4 3/4		3/4			
6 juillet		3 3/8	1/8						4 1/2		1			
13 »		3 3/8	1/8						4 1/2		1			
20 »		3 1/4	1/4						4 1/2		1			
27 »		3 1/4	1/4						4 1/4			1 1/4		
3 août		3 1/4	1/4						4 3/8			1 1/8		
10 »		3 1/4	1/4						4 1/2		1			
17 »		3 1/4	1/4						4 3/4		3/4			
24 »		3 7/16	1/16						4 5/8		7/8			
31 »		3 3/8	1/8						4 5/8		7/8			
7 septembre		3 3/8	1/8						4 3/4		3/4			
14 »		3 7/16	1/16						5	1/2				
21 »		3 7/16	1/16						5 1/4	1/4				
28 »		3 3/8	1/8						5 1/4	1/4				
5 octobre		3 3/8	1/8						4 7/8		5/8			
12 »		3 3/8	1/8						4 3/4		3/4			
19 »		3 1/4	1/4						4 7/8		5/8			
26 »		3 5/8	excédent de 1/8						4 7/8		5/8			
2 novembre		3 3/4	excédent de 1/4					6 1/2	5 1/2		1			
9 »	4	4	0					7 1/2	6 5/8		7/8			
16 »		3 3/4	1/4						6 5/8		7/8			
23 »		3 3/4	1/4						7	1/2				
30 »		3 7/8	1/8						7	1/2				
7 décembre		3 7/8	1/8						7 1/8	3/8				
14 »		3 7/8	1/8						7 1/8	3/8				
21 »		3 3/4	1/4						7 1/4	1/4				
28 »		3 7/8	1/8						7	1/2				
		52	52	—	—	—	—		52	12	24	11	5	—

Tableau K

2. Statistique des «Abrechnungsstellen.»

Chambres de compensation de la Reichsbank

Années	Nombre de membres	Nombre de Chambres	Sièges des Chambres	Mouvement général	Valeur moyenne des échanges	Nombre d'échanges
	[1]				[1]	[1]
1883 (décembre)	—	7	Berlin, Francfort s/M., Hambourg, Stuttgart, Cologne, Leipzig, Dresde	887.546.700	—	—
1884	—	9	les mêmes plus Breslau et Brême	12.130.196.100	—	—
1885	—	9	—	12.554.444.300	—	—
1886	—	9	—	13.356.482.500	—	—
1887	—	9	—	14.207.193.600	—	—
1888	—	9	—	15.514.563.100	—	—
1889	—	9	—	18.048.962.400	—	—
1890	—	9	—	17.991.301.100	—	—
1891	—	9	—	17.663.274.500	—	—
1892	—	9	—	16.762.790.900	—	—
1893	—	10	les précédents plus Elberfeld	18.272.935.600	—	—
1894	119	10	—	18.398.039.600	5.444	3.379.730
1895	119	10	—	21.284.825.800	5.785	3.678.971
1896	120	10	—	22.904.935.300	5.805	3.945.979
1897	121	10	—	24.198.455.400	5.854	4.133.354
1898	125	10	—	27.975.277.800	6.230	4.490.303
1899	126	10	—	30.237.664.000	5.683	4.897.154
1900	128	10	—	29.472.743.600	6.175	5.186.237
1901	128	10	—	28.922.034.500	5.346	5.409.985
1902	135	11	les précédents plus Chemnitz	29.969.050.500	5.174	5.791.908
1903	136	11	—	31.136.532.500	4.940	6.303.359
1904	132	11	—	32.635.273.300	4.897	6.664.638
1905	137	12	les précédents plus Dortmund	37.602.991.300	5.121	7.341.995
1906	149	13	les précédents plus Munich	42.036.098.000	5.141	8.177.404
1907	160	14	les précédents plus Brunswick	45.313.105.600	4.934	9.183.997

[1]) Ces chiffres ne sont indiqués dans les rapports de la Reichsbank qu'à partir de l'année 1895 (1894 y compris).

Tableau L

3. Différences des taux moyens et bénéfices selon ces taux.

Années	Taux moyen de la Reichsbank	Taux moyen de la Banque de France	Différence en faveur de la Banque de France	Bénéfices de la Reichsbank dus à l'escompte (millions de marks)	Sommes dont auraient profité les escompteurs si le taux avait été le même qu'en France
1876	4.16	— 3.40	= 0.76	16	2
1877	4.42	— 2.26	= 1.16	16	4
1878	4.34	— 2.20	= 2.14	15	7
1879	3.70	— 2.57	= 1.13	12	3
1880	4.24	— 2.92	= 1.32	13	4
1881	4.42	— 3.84	= 0.58	14	1
1882	4.54	— 4.05	= 0.49	16	1
1883	4.047	— 3.07	= 0.97	14	3
1884	4	— 3	= 1.—	14	3
1885	4.118	— 3	= 1.11	14	3
1886	3.279	— 3	= 0.27	11	—
1887	3.408	— 3	= 0.40	14	1
1888	3.324	— 3.06	= 0.26	12	—
1889	3.676	— 3.08	= 0.59	16	2
1890	4.517	— 3	= 1.51	23	7
1891	3.776	— 3	= 0.77	20	4
1892	3.203	— 2.69	= 0.51	15	2
1893	4.069	— 2.5	= 1.56	21	8
1894	3.117	— 2.5	= 0.61	15	2
1895	3.139	— 2.10	= 1.03	15	4
1896	3.656	— 2	= 1.65	22	9
1897	3.806	— 2	= 1.80	24	11
1898	4.267	— 2.20	= 2.06	29	16
1899	5.036	— 3.05	= 1.98	40	15
1900	5.333	— 3.24	= 2.09	42	16
1901	4.099	— 3	= 1.09	35	9
1902	3.321	— 3	= 0.32	26	2
1903	3.837	— 3	= 0.83	32	7
1904	4.222	— 3	= 1.22	33	9
1905	3.817	— 3	= 0.81	33	7
1906	5.149	— 3	= 2.14	49	20
1907	6.033	— 3.46	= 2.57	64	27
De 1876 à 1907 inclus				735	209

Table des matières.

IIe Partie.

Politique des deux Banques.

Hesse & Becker, Leipzig.

HESSE & BECKER, LEIPZIG.

Kolibri 360 GmbH
Ferdinand-Jühlke-Straße 7
99095 Erfurt, Deutschland
produktsicherheit@kolibri360.de